# Dra. Sedução
## e os segredos de
# Pselda

Suzana Leal

# Dra. Sedução
### e os segredos de
# Pselda

réptil
EDITORA

©Suzana Leal, 2012.
©Réptil Editora LTDA, 2012.
1ª reimpressão, julho de 2012.

*Coordenação editorial* Luiza Figueira de Mello Gonçalves

*Produção editorial* Juliana Leite e Monica Kelly Lopes

*Texto* Marcella Sobral e Suzana Leal

*Copydesk* Juliana Leite

*Revisão de texto* Fernanda Silva

*Ilustrações* Nice Lopes

*Projeto gráfico* Fernanda Garcia

*Produção executiva* Priscila Correia

*Assistente Administrativo* Adriano Ramalho Barbosa

Conheça a Dra. Sedução nas redes sociais:

*www.facebook.com/draseducao*

*www.twitter.com/draseducao*

*www.draseducao.com.br*

---

CATALOGAÇÃO NA FONTE DOSINDICATO NACIONAL DOS EDITORES DE LIVROS

L478

Leal, Suzana
　　Dra. Sedução e os segredos de Pselda / Suzana Leal. 1.ed. Rio de Janeiro : Réptil, 2012.
　　120p. : il.
　　ISBN 978-85-99625-26-2

　　1. Mulheres. 2. Mulheres - Comportamento sexual. 3. Relação homem-mulher. 4. Autoestima em mulheres. I. Título.

10-2439　　　　　　　　　　　　　　CDD 305.4
　　　　　　　　　　　　　　　　　　CDU 316.346.2-055.2

---

**Réptil Editora Ltda.**
Rua Visconde de Pirajá 550 / 1905 . Ipanema
22410-003 Rio de Janeiro RJ . Brasil
+ (55 21) 2294-6882
www.reptileditora.com.br

*A você, Zé Carlos, meu querido marido e parceiro
de todas as horas, companheiro nos momentos
mais incríveis e mágicos e também nos difíceis e de dor,
vividos e compartilhados intensamente por nós dois.
Sem a sua presença e o seu apoio incondicional nada disso
seria possível. Muito obrigada!*

# ❧ Sumário

Apresentação 9

Segredos que precisam ser contados 13

Mulher de fases 19

Literalmente grávida 23

Intimidade é... 27

Cale-se 33

Mantendo a chama acesa 37

Guerrilheira do amor 41

Proibidões do sexo 47

Taras e fetiches 53

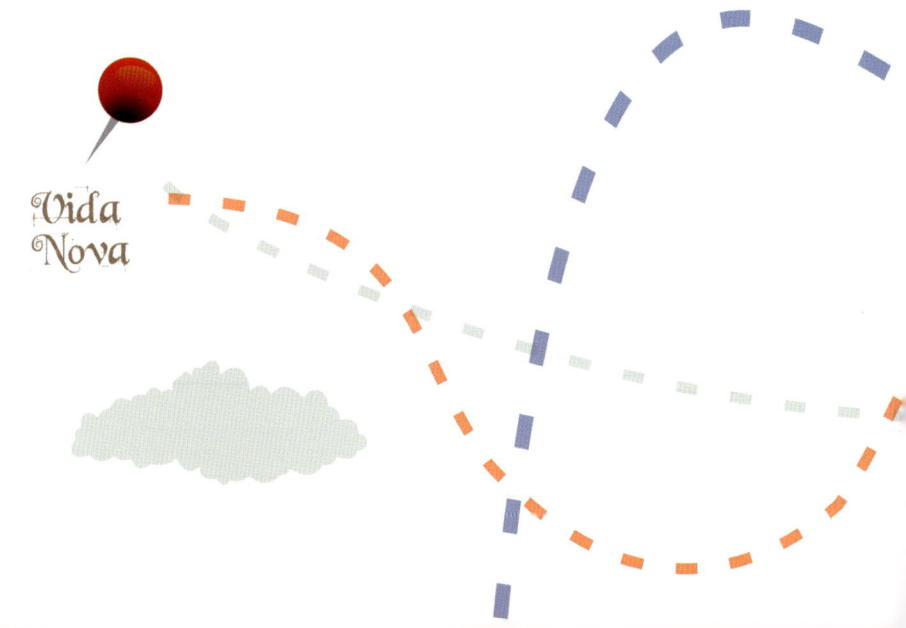

Seja a amante do seu próprio marido  57

É só isso?  65

Se toca, vai.  71

Ponto G  79

Mulher solteira procura  85

Ciúmes  91

Traição mesmo ou é coisa da sua cabeça?  95

Há males que vêm para o bem  101
(trair e contar, nem pense em começar).

Primeira vez  105

Autoestima  111

Seja mais você  117

# Apresentação

Este livro não é um manual no qual você vai aprender a ser uma mulher fatal em dez lições, não traz mandingas infalíveis para trazer a pessoa amada em três dias e muito menos é uma cartilha a ser seguida da mesma forma por todo mundo. Ainda assim, "Dra. Sedução e os segredos de Pselda" pode ajudar você a revolucionar sua vida em casa, no trabalho e, principalmente, na cama.

Idealizadora da loja de lingeries e brinquedinhos eróticos, a Pselda, Suzana Leal virou referência entre as mulheres comuns que têm que conciliar a pressão do mundo moderno com a leveza do universo feminino. Quando tinha 47 anos, Suzana quase deixou a felicidade ir embora, sacou a tempo, deu a volta por cima, e hoje, é uma mulher realizada pessoal e profissionalmente. De tanto ser consultada por suas clientes e amigas, a empresária, mãe e mulher resolveu abrir sua caixinha secreta e dividir seus mais valiosos segredos com o público feminino.

Em linguagem coloquial e extrovertida, a consultora para assuntos picantes Suzana Leal assume o papel de alterego feminino, soprando dicas e ressuscitando o potencial que existe dentro de cada mulher.

Como se estivesse tomando um chá das cinco com as amigas, Suzana fala de tabus como sexo anal e sexo oral com a mesma naturalidade e autenticidade com que aborda questões rotineiras como afazeres domésticos, filhos e impasses com a sogra.

Com a generosidade de melhor amiga, Suzana não dita regras, mas chama atenção para alguns erros (ou boicotes) que cometemos sem perceber e indica o caminho das pedras para dar uma chacoalhada na vida. Nunca teve coragem de revelar suas fantasias sexuais para o seu parceiro? Fica com vergonha de perguntar como funciona aquele vibrador que pode te deixar nas nuvens? Talvez seja hora de rever seus conceitos.

Já pensou que uma gaveta de lingerie monocromática pode ser sinal de que algo não vai bem na sua vida sexual? Que você está dando atenção demais para os filhos e deixando seu parceiro carente? Que seus ciúmes podem estar passando dos limites? Pois Suzana já, e, se você quiser, as experiências dela podem te ajudar a ser mais feliz (sem cometer os mesmos erros).

Segredos que precisam ser contados

**Uma epifania. Essa é a melhor forma** que eu encontrei para explicar esse furacão em que se transformou a minha vida desde o surgimento da Pselda. E não é figura de linguagem, não. Estava eu, passando por um momento difícil da minha vida, aos 47 anos, com filho criado, marido em plena ascensão (física e profissional), vendo a banda passar, consumida pela minha vidinha de executiva, dona de casa e mãe de família. Decidi que era hora para fazer algo por mim e, por que não, pelas mulheres.

Sempre tive um sonar de sensibilidade aguçadíssimo, e a solução logo veio à minha cabeça em forma de frases soltas, mas que faziam todo o sentido para mim. "Autoestima sempre!"; "Amar acima de tudo!"; "É sempre tempo de seduzir"; "Sexo é qualidade de vida!". Nada mais envolvente, feminino e sedutor do que uma loja de lingerie para despertar a guerrilheira do amor que existe em cada uma de nós, mulheres. Isso era certo para mim, só faltava dar o pontapé inicial.

Mas essa fase de apenas pensar e esperar para agir durou pouco, mais precisamente até o momento em que, por uma força maior, no meio de um sonho, ouvi uma voz muito forte e clara que deixou tudo cristalino: "Suzana, o nome que você vai colocar na loja é Pselda." À primeira vista, achei o fim, um nome horroroso para um projeto tão delicado. Mas a voz continuou: "Vai sim, pois você tem uma missão — passar à frente isto que eu vou lhe mostrar. É um acróstico, anote:

P sique feminino
S ensual
E motiva
L iberdade de preconceitos
D esejosa de conhecer
A arte do amor"

Meu filho achou que eu estava delirando ao trocar um emprego seguro numa estatal para me arriscar num mundo que eu não conhecia. Afinal, na opinião dele, eu estava velha demais para tal aventura. Não caí nessa, fui em frente e hoje sei que nunca se é velha demais para ser feliz, muito menos para recomeçar.

Comecei a minha vida muito cedo. Meu primeiro casamento foi aos 17 anos; fiquei dez anos casada. Na verdade, passei a vida inteira casada. Do primeiro casamento, emendei logo no segundo e estou casada até hoje. Fui traída pelo meu primeiro marido com a minha melhor amiga, passei pelo constrangimento de contratar um detetive, mergulhei numa depressão que pensei ser sem fim e descobri que só eu mesma teria a força para dar a volta por cima e que a felicidade pode estar em qualquer lugar — basta você estar preparada para ela. Eu, por exemplo, encontrei o homem da minha vida num velório e não largo ele por nada.

Mesmo que tenha sido tudo muito rápido, hoje reconheço meus erros e sei das minhas qualidades. Essa autoanálise me fez compreender melhor os meus sentimentos e a alma feminina. Venho de uma família praticamente só de mulheres. Somos seis irmãs. Então, para mim, as mulheres são minhas parceiras, jamais minhas concorrentes.

Isso se reflete nas lingeries, camisolas e outros acessórios que eu criei para a Pselda – um lugar que nos seus oito anos de existência deixou de ser uma loja de lingerie e passou a ser um cantinho aonde as mulheres iam se aconselhar e descobrir novas formas de prazer. De publicitária, passei a ser consultora sentimental e sexual, por um caminho natural da vida. Sinto que sou um porto seguro para essas mulheres. Afinal de contas, nós todas vivemos praticamente os mesmos problemas – a diferença é que eu resolvi dar um passo atrás no momento mais conturbado e olhar para esses problemas de maneira diferente.

Com essa percepção (muito guiada pela minha sensibilidade) converso com minhas amigas e clientes sobre reflexões do universo feminino, digo sempre o que acho que fiz de errado (e de certo) e, sempre, jogo a autoestima delas lá pra cima, para que elas possam se conhecer melhor, se amar mais e aprender a enfrentar sozinhas seus próprios fantasmas.

Foi exatamente esse desejo que motivou a produção do livro "Dra. Sedução e os segredos de Pselda", no qual eu abro a minha intimidade e meus aprendizados para que nós, mulheres, possamos aprender uma com o limão da outra. E que façamos juntas uma grande limonada. Um espaço cúmplice entre nós, para as mulheres que querem turbinar suas vidas, olhar para si de maneira diferente e, consequentemente, mudar a imagem que seus homens têm delas.

Entre e fique à vontade.

❀ Mulher de fases ❀

*Eu vivi muito intensamente todas as idades da minha vida. Sempre com muita sensibilidade, eu pude notar as diferenças e as dificuldades que a mulher, ao longo das diferentes décadas e etapas, vai tendo.*

A primeira vez em que somos chamadas de "senhora" é inesquecível. Comigo, aconteceu aos 40 anos, quando passaram a me chamar de senhora para perguntar as horas na rua. Foi um choque, confesso. A partir daí, comecei a reparar que, embora me achasse uma mulher bonita e interessante, os homens já não me olhavam da mesma maneira, e aquele charminho que a gente jogava começou a parar de funcionar.

Até os 30, tudo o que a gente faz é engraçadinho, excêntrico. É só cruzar a barreira dos 40 que você pode fazer a mesma coisa que vai ser chamada de maluca, vão dizer que você está na menopausa, que o seu marido não está dando conta... A sociedade não te protege mais. Quando me dei conta de que a minha vida perfeita de esposa, mãe e mulher poderia ir pelos ares da noite para o dia, entrei em depressão. Comecei a me achar velha, passei a ter medo de ser abandonada.

Nesta fase, eu estava com 47 anos, os filhos já estavam criados, o marido com uma vida profissional frenética e cada vez mais lindo... E eu? Bom, eu estava cada vez mais carente, sem ideias frescas, e a minha rotina se limitava a ir para o trabalho, para a academia e para pequenos encontros com as amigas. Percebi que era hora de mudar, de me reinventar.

Para os homens tudo é permitido. Eles saem de um casamento de 30 anos com o taxímetro zerado. Eles podem ir a qualquer lugar. Sair com mulheres mais jovens, então, é quase um prêmio. E nós, mulheres?

O nascimento da Pselda marca um trevo, uma segunda etapa na minha vida. Ali eu me dei conta de que, por mais que já não tivesse o viço da juventude, tinha uma bagagem incrível – de onde, até hoje, eu tiro forças para ser uma nova mulher a cada dia, sem perder a minha essência. Isso não tem preço. Com os avanços da tecnologia, a mulher de 40, 50 anos continua vivendo de maneira intensa e saudável – mas a bagagem que ela carrega por dentro só o tempo pode conceder (não há laser que mude isso).

Recomeçar a partir de certa idade é difícil. Depois de anos de casamento, rotina, filhos, você perde a mão, fica meio desenturmada mesmo. Hoje já é mais simples encontrar um happy hour legal para jogar conversa fora com uma amiga sem que as mesas ao lado achem que são duas desesperadas. Dá certo trabalho voltar à ativa, mas, pode acreditar, vale a pena.

Se você gosta de usar botas, acha que uma saia curta lhe cai bem, vá em frente. Com a cabeça feita, é mais fácil se adequar à sua idade. Quantas mulheres lindíssimas já lhe deixaram surpresa quando você descobriu quantos anos elas tinham? Pois então, em vez de ficar se lamentando (e invejando) por não ter tirado a sorte grande de conservar tanta beleza ao longo dos anos, pare para pensar por que isso acontece. Talvez você encontre onde está o motivo desse baixo-astral evidente na pele, nos cabelos... E, melhor, talvez encontre o caminho para revertê-lo...

Literalmente grávida

*Seu quarto e a sua cama são sagrados. Os filhos não podem ser mediadores da união de um casal.*

Gravidez não é doença, mas mexe com a vida da mulher independente da experiência que ela tenha. A química é outra, o físico sofre e o emocional também. Durante a minha gravidez, ainda muito nova, transei muito. Quase até a hora H. Depois, o tesão diminuiu. De uma hora para outra, você tem que dividir o amor que era apenas do seu marido com um filho. Embora sejam cantinhos diferentes do coração, é uma decisão difícil. Quantas vezes, depois da maternidade, eu não fingi estar com tesão para satisfazer o meu homem enquanto queria mesmo era estar ninando ou bajulando o meu filho...

Essa é uma questão presente há várias gerações. Ainda hoje vejo mulheres novinhas, recém-casadas, já com o casamento em frangalhos porque, desde que foram mães, só pensam na criança. Enquanto isso, o marido continua por aí, vivendo a vida, crescendo no trabalho e cheio de tesão – e elas nem conseguem dar bola.

Uma boa enfermeira ou uma babá podeM ajudar muito nesse momento, liberando o casal para um jantar romântico ou mesmo um cineminha de última hora. Avós e tios babões também podem dar uma força, mas tenha cuidado para a sua casa não virar point da família e a sogra começar a dar palpites no cardápio, na arrumação da casa ou em como você deve cuidar do neto dela.

É saudável manter essa distância. Em casa, principalmente. A casa é um templo, um ninho que só pertence aos dois – inclusive quando os filhos chegam. É importante não dar ao filho a coroa de "rei da casa", direcionando tudo que se passa, mudando sempre em sua função horários e reuniões íntimas. Nós, mulheres, precisamos ser sábias e sensíveis e não deixar de receber os amigos, fazer encontros gostosos para papos que não sejam apenas "sobre os filhos", diversificando o ambiente. Precisamos sempre estar atentas, transformando a casa no melhor lugar para se voltar depois de um dia de trabalho (homens precisam disso).

No início, o inocente ato de deixar o bebê dormir entre vocês, no leito de amor, pode fazer o tesão diminuir entre marido e mulher e ainda fazer um deixar de olhar para o outro como casal para serem apenas papai e mamãe. A criança passa a ser mediadora e assume a função de elo do casal. Uma doce ilusão. Filho não prende ninguém. E se um casamento já não vai lá muito bem, tende a ficar ainda mais caótico.

Sempre toco neste assunto, não apenas pela gravidez ser realmente uma fase importante na vida do casal, mas também por notar que, passado algum tempo, muitos casais se perdem, se distanciam um do outro, se dedicando durante anos apenas aos filhos. E sabe o que acontece? Quando o ninho fica vazio e os filhos crescidos saem de casa, um olha para o outro tentando lembrar o que os colocou juntos, apaixonados, lá atrás. Sem cuidados, carinhos e atenções especiais um para o outro é fácil perder a liga, o tesão.

A cumplicidade de um casal é formada de pequenos tijolos, colocados por ambos em um alicerce forte. Isso inclui concordar nas decisões em relação aos filhos e também saber a hora certa de fechar a porta do quarto e guardar o momento a dois. Casal feliz, filhos felizes.

Intimidade é...

Já diz a sabedoria popular: intimidade é... Bom, você sabe. E quanto mais intimidade você estiver disposta a compartilhar com o seu parceiro, a mais riscos ficará exposta. A intimidade expõe a mulher de uma forma brutal. Quando um homem arrota ou solta gases, nós relevamos ou fingimos que não percebemos. Eles não são "generosos" assim. Para eles, nós não fazemos nada disso – ainda que, durante o sexo, alguns barulhos sejam inevitáveis. E, quanto mais pudermos fazer com que essa imagem que temos seja verdadeira, melhor.

Num mundo ideal, cada um ter o seu banheiro é uma solução democrática. Com cada um no seu quadrado, fica mais fácil respeitar (ou não saber) de certos hábitos do parceiro que possam vir a nos incomodar. As chances de isso acontecer são muitas e vão desde a forma como o sujeito aperta o tubo da pasta de dentes, até a uma falta de cuidado recorrente entre os homens de "esquecer" cabelos no sabonete.

Como nem sempre o mundo ideal está disponível, preserve ao máximo a sua privacidade. Remédios íntimos (ele não precisa saber como se aplica um creme vaginal, certo?), absorventes e até a touca de banho para segurar aquele escovão por mais um dia devem ser mantidos longe do alcance do bofe. Ah, e por mais que você seja compreensiva, dê dicas a ele de que ninguém merece escovar os dentes pela manhã com a pia alagada ou peludinha, depois de ele fazer a barba.

A vida já tem tantas coisas que são depressivas e antiestéticas que, na hora que você está com o seu homem, deve evitar ir ao banheiro de porta aberta. Quando os seus hábitos forem muito diferentes dos dele, não chegue criticando. Se ele está protelando demais o banho, sugira um banho a dois, romântico. Esfregue com carinho e indique o que você acha que não vai bem. Sexo sujo é bom; fedorento, jamais.

Esses cuidados não são apenas para quem divide o mesmo teto; são válidos fora de casa também, até mesmo naquele jantar romântico. Por mais que vocês estejam sozinhos na mesa, degustando aquele vinho caríssimo que ele pediu para impressionar você, controle-se. Rir alto, principalmente em público, com aquela gargalhada de aparecer a "campainha" na garganta, pode ficar fora do tom.

Seja no motel ou num fim de semana romântico num lugar que você não conhece, teste tudo antes de usar. Já imaginou o quanto pode ser constrangedor descobrir que a descarga não está funcionando só depois de usar o banheiro? Aliás, se chegou a sua hora de ir ao banheiro, peça para ele dar um pulinho na recepção para fazer a reserva do jantar, conhecer as redondezas ou providenciar um drinque de aperitivo para vocês enquanto você se arruma. Em casos assim, velas aromáticas e fósforos são tão fundamentais quanto um secador de cabelo.

E vale lembrar que intimidade demais é ruim não apenas no aspecto carnal da coisa. Está para nascer uma mulher que não gosta de falar demais em início de relacionamento. Cuidado, atenção, carinho com você mesma. Suas palavras, histórias (as de ex-marido estão expressamente proibidas!) e expectativas podem fazê-lo perder o tesão tanto quanto um pum.

## Perigos na relação íntima

- Não vá ao banheiro de portas abertas, nem deixe seus produtos íntimos à mostra;

- Não ressalte demais as marcas, etiquetas e grifes de carros, relógios ou sapatos que ele usa – pode causar uma impressão de mulher fútil e interesseira;

- Excesso de ciúmes, jamais! Ciúmes em pequenas doses apimentam a relação, mas exagero é irritante para qualquer homem;

- Não escancare para ele a sua vida e sentimentos, não deixando nenhum mistério para estimular a curiosidade e o interesse do parceiro;

- Não seja irresponsável em relação aos gastos;

- Não faça pressão e cobranças ao final do dia. Já chega o trabalho e o estresse do cotidiano;

- Nunca o critique abertamente na frente dos outros, nem abra os problemas dos dois em sociedade;

- Não demonstre que ele é o centro da sua vida, como se você não tivesse objetivos nem realizações próprias;

- Cuidado ao beber muito e rir em público, com aquela gargalhada de constranger o ambiente;

- Não deixe transparecer que ficou de "molho", sentada à espera de um telefonema dele;

- Não viva no "pé" dele nem apareça sem avisar, forçando intimidade para "fazer uma comidinha" ou "alugar um filminho". No território dele, a iniciativa deve ser dele.

---

Eu sei que algumas dicas parecem óbvias, mas é recorrente ouvir da boca de muitas mulheres que, com a intimidade de um relacionamento, é quase impossível não cometer alguns enganos.

Pois é possível, sim! São regrinhas básicas, de bom convívio social que não devem ser esquecidas, apenas por conta da intimidade!

E outra! Seu marido ou namorado não é seu irmão ou pai; é seu amante, seu parceiro e não é obrigado a conviver com alguém que ele passe a não admirar por ser exagerada, ou desesperada!

❧ Cale-se ☙

Uma das justificativas para os maçons só aceitarem homens na confraria é quase inquestionável: mulheres não sabem guardar segredos. E nós temos que reconhecer que a nossa língua é maior do que a daquele integrante da banda de rock Kiss.

Homem não gosta disso. Bem mais reservados, eles têm pavor de exposição. Claro que eles falam de mulher no vestiário depois da pelada, mas não sobre as mulheres deles. Nós fazemos justamente o contrário. Gostamos de contar detalhes, diálogos, intimidades que não pertencem a ninguém mais, além do casal. Ao abrir esse espaço, você fica vulnerável à cobiça de suas amigas. Ouvir um infinito de vezes o quanto Fulano é incrível, o quanto ele paparica a sua mulher, o quanto ele é divertido, bem-dotado e atencioso pode ligar o alerta para outra mulher querer ter o que você tem. Depois, se der problema, não adianta chorar as pitangas. O que mais acontece por aí é troca-troca entre "melhores" amigas.

Brincando com esse fogo, você também pode se queimar com a fúria dele, que não vai gostar nadica quando souber que virou o assunto na rodinha das amigas. Só uma coisa poderia deixar um homem mais irritado do que descobrir que estão falando dele: descobrir que falam da família dele.

Dizer que você casou com ele e não com a sogra é muita inocência. É claro que ela não vai para a cama com vocês, mas está presente em vários instantes. Não entre numa de concorrer com ela. Nem precisa, vocês ocupam espaços diferentes no coração dele. Nem maiores, nem menores; simplesmente diferentes. Não é preciso dizer amém para tudo, mas os impasses devem ser resolvidos com serenidade. Pode falar (quase) tudo o que você acha sobre a mãe dele, mas mantenha a cerimônia. Veja bem, fale, não fofoque, não cause intrigas – mesmo se ela o fizer. Ela é mãe dele; no limite, pense que sem ela o seu amor não estaria no mundo. Você não gostaria que fizessem o mesmo com você, certo?

Famílias modernas, com filhos de casamentos anteriores, exigem ainda mais cuidados. Nenhum motivo no mundo é justificativa para vocês entrarem numa discussão por conta de histórias que ficaram para trás ou mesmo por questões burocráticas, como pensão ou mensalidade da escola. A criança, claro, vai achar que é a causa disso tudo. Se tiver alguma crítica ou ressalva a fazer, faça a dois. E, mesmo a dois, não pode faltar tato e bom senso. Falar algumas palavras a menos talvez seja melhor do que jogar algumas outras soltas por aí, que podem dar problema à toa.

Assim como as palavras certas podem conquistar seu coração, as malditas podem entrar para o lado negro da força, e o feitiço se virar contra você. Antes de abrir a boca, faça como eu: quando não tiver como contribuir, fique calada.

Mantendo a chama acesa

> *Todos os dias, me questiono sobre o que eu gostaria que o meu marido fizesse por mim e o que ele gostaria que eu fizesse por ele.*

**Nós, mulheres, temos que** nos sentir amadas, desejadas, arrepiadas, envaidecidas. Valorizadas por um olhar, um carinho, um cheirinho no cangote ou mesmo por um charminho mais lascivo. Com o casamento, com a rotina, o homem acaba perdendo essa delicadeza. Esse momento é decisivo para a validade de um relacionamento. E sabe o que é pior? Muitas vezes, os homens fazem isso sem sequer notar.

Se naquele dia você se arrumou toda, estava cheia de tesão, colocou aquela lingerie, ele nem olhou, e você ficou fula da vida, respire fundo. Não queira vingança. Você não pode deixar que uma noite errada crie um vácuo imenso, uma mágoa enorme entre vocês. Jogar a culpa no outro ou sufocar o parceiro com "DRs" (Discutir a Relação não leva ninguém a lugar nenhum!) não vai adiantar. Remoer essas pequenas manchas pode levar a um mar turbulento de amarguras.

Nessas horas, minha amiga, só o sexo salva. O sexo tem que estar aceso sempre, não pode virar artigo raro entre vocês. Se nada for feito, a mulher passa a se sentir pouco amada e diminuída. Antes que isso aconteça, tome uma atitude. Proponha jogos de amor, premiações, recompensas. Cineminha no meio da semana vale 10 pontos. Se tiver jantar depois, o dobro. Um buquê de suas flores preferidas sem ter data especial... hum, vale um desejo realizado.

Preserve os segredinhos, informações e sentimentos só seus para manter o mistério, por mais que ele veja você todos os dias, em diferentes situações. Tenha pequenos cuidados com ele também. Se o pijama dele já está meio cansado, mal-ajambrado, compre um novinho. Que tal investir numa cueca mais safada, diferente das milhares que ele tem na gaveta? Afinal, paparico é bom, e quem não gosta?

Como ser um casal não tira (ou pelo menos não deveria tirar) a individualidade de cada um, a gente tem que entender que, assim como nós, eles também têm lá seus dias de "dor de cabeça". Coisa muito natural que, se a cabeça não estiver no lugar, pode virar uma frustração. Antes disso, permita-se atingir o prazer sozinha, masturbando-se ou com um vibrador. Com jeitinho, introduza esse seu "novo amigo" no contexto – o que pode ser um extra.

Tenha sempre um bom vinho à mão. Experimente quebrar a mesmice com pétalas de rosa no chão fazendo um caminho até a cama de vocês. "Esqueça" o vibrador dentro da cueca dele para ele ter certeza de que você está a fim – hoje em dia existem uns incríveis! Marque presença com aquele perfume mais picante.

O plano não é criar uma moeda de troca para ser amada. O plano é que ele mantenha o foco em você, mulher, fêmea (por mais que ainda exerça outras funções dentro e fora de casa) e que continue querendo sempre mais.

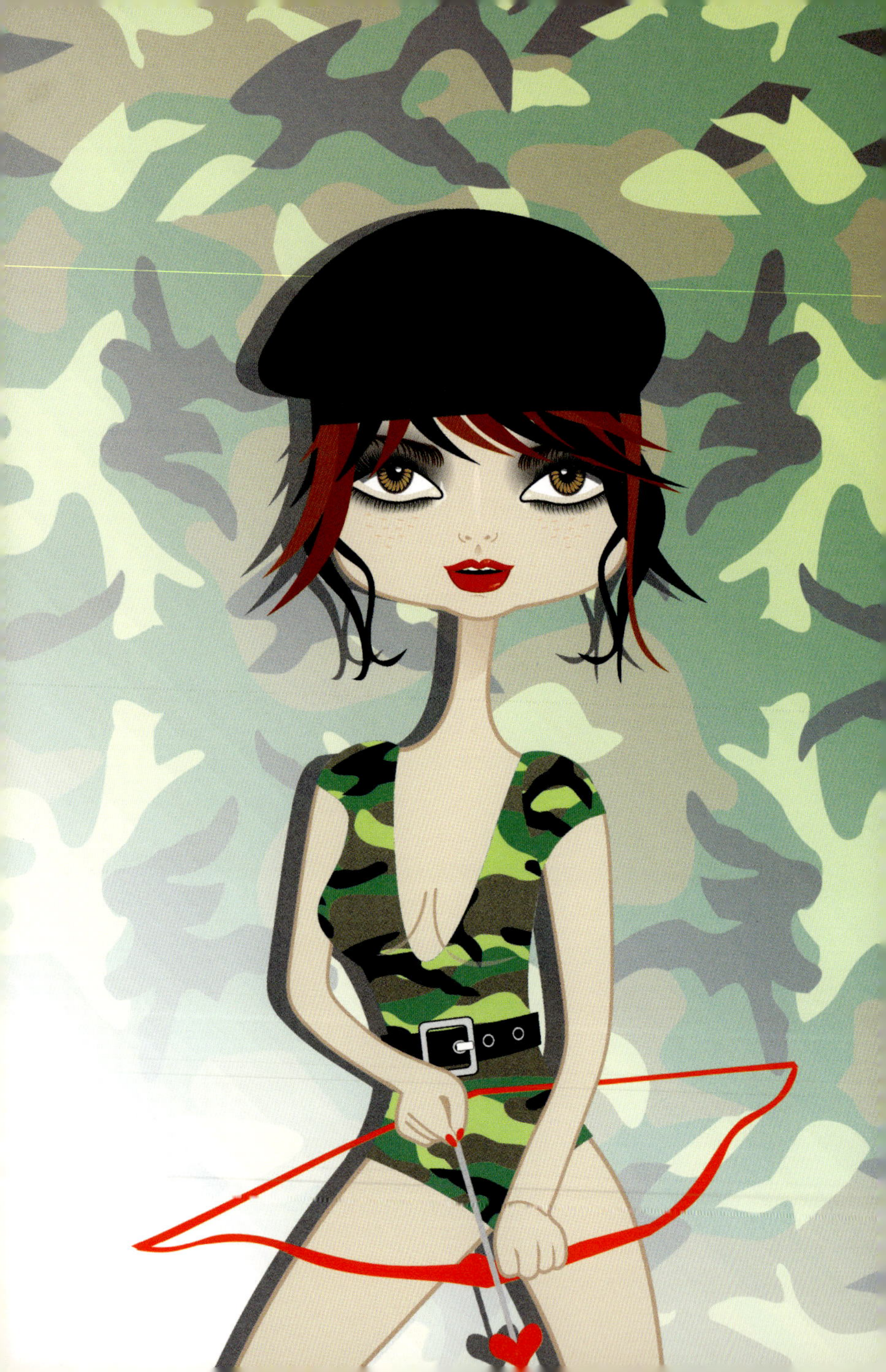

❧ Guerrilheira do amor ☙

*Você pode tudo, desde que seu corpo e sua mente acompanhem as suas atitudes.*

**Aprender a usar a sua** sensualidade a seu favor é um exercício diário. De nada adianta vestir a lingerie mais linda, investir no sutiã mais caro, se não há uma mulher que se garanta dentro deles. Quando a mulher está confortável e confiante (em seu corpo e com sua mente), uma calcinha deixa de ser apenas uma calcinha. Vira uma arma. Um *exocet* do amor.

A lingerie é o lado oculto da mulher, a face feiticeira. Nus não aparentes, texturas. A maciez, o toque, o cheiro, a visão. Escolhendo a peça certa você pode explorar todos os sentidos, enlouquecer um homem e se acabar de prazer. Tudo isso numa peça só. Quer saber a quantas anda o seu poder?

Abra a sua gaveta de roupas íntimas e veja você mesma. Ela está mais para alegre, com peças de cores vivas e fortes, de tecidos e modelos diferentes, ou é um marasmo daquelas calcinhas beges sem costura que, cá entre nós, em nada favorecem a anatomia feminina? Vou falar por mim. Não tenho calcinha bege nem para ir à padaria. Fico com uma calcinha macia, de seda pura. A vida já é tão dura. Você vai colocar uma calcinha feia para quê?

Quem nunca arriscou um sutiã vermelho, uma calcinha mais cavada, deve começar aos poucos. Não queira sair por aí dando pinta de mulher fatal sem ser. É mico na certa. Os homens reparam, sentem o cheiro da insegurança de longe. Se a sua sensualidade anda em baixa, vestir uma lingerie poderosa é forçar a barra. Compre uma peça de cada vez, curta esse momento, experimente, se olhe no espelho e lembre-se do que você é capaz.

E se está difícil de resgatar essa mulher que está perdida dentro de você, desbrave o prazeroso mundo dos brinquedinhos sexuais. Não sabe nem por onde começar? Que tal deixar a vergonha de lado, entrar numa loja especializada e tentar encontrar um acessório que combine com você?

Encontrar um "parceiro" compatível com os seus desejos pode fazer você ir à lua e voltar várias vezes. Não encare essa "relação" como um sexo sem alma, menor. Primeiro, porque é um momento só seu, de conhecimento. E, no mais, melhor gozar com um brinquedinho do que sair pegando qualquer Zé Mané.

Durante os oito anos em que mantive a Pselda, fiz questão de manter os brinquedos e a lingerie juntos dentro do armário. Se sensualidade tem a ver com a lingerie, e a lingerie tem a ver com sexo, nada melhor do que deixar os dois lado a lado, dentro do armário.

Para um homem interessante, tão sensual quanto a mulher, estar linda, cheirosa e preparada é manter sempre a admiração e o respeito mútuos. A mulher tem que ser bonita e gostosa, sim, mas não pode ficar parada, pensando apenas na ginástica, no próximo tratamento de beleza a ser feito, nos quilos indesejáveis que aparecem na balança... Homem bom não aguenta esse papo.

Surpreenda-o. Converse sobre um livro interessante, um filme que está dando o que falar, uma música nova que escutou (e sabe que ele vai gostar). Mas faça isso com delicadeza. Assim como eles não gostam de mulher burra e sem conteúdo, também podem se sentir ameaçados, acuados pelo sexo frágil – e isso é um dos maiores corta-tesão para eles. Desafio, sim, competição jamais.

Infelizmente, os homens ainda não têm manual de instruções. Use o seu sexto sentido feminino e encontre a medida certa para fazer com que o seu parceiro se apaixone por você, novamente, todos os dias. Claro que usar água de rosas sempre dá uma ajudinha. Deixa qualquer homem com um tesão...

---

## Os 10 mandamentos do beijo

- Primeiramente, é óbvio que o parceiro tem que estar, pelo menos, interessado em você;

- Para que o beijo seja arrasador, a higiene bucal tem que ser nota 10, e o hálito, doce e refrescante;

- O ambiente é superimportante! Um lugar romântico, à meia luz com um fundo musical lento. Pode ser até no carro, desde que, o contexto seja favorável;

- Nada mais excitante do que um tom de voz baixo e um pouco rouco. E o principal: saber ouvir e sorrir sempre;

- Caprichar no visual, mas sem muitos adereços como broches, balangandãs, pulseiras – que além de chacoalharem e tirarem a atenção do beijo, ainda podem enganchar na roupa ou até espetar no abraço;

- Na maquiagem, o ideal é focar na boca! Cuidado com batons marrons ou vermelho sangue, pois esses podem assustar o parceiro com medo de borrar a maquiagem ou mesmo manchar o seu colarinho... Eu dou a dica de salientar o contorno da boca com um lápis próprio e depois aplicar generosamente um brilho de gloss com um discreto sabor de menta ou baunilha, que, além de dar um efeito "Angelina", aumentando os lábios, ainda provoca um gostinho de "quero mais";

- Nada mais sexy do que uma troca de olhares... Por isso, antes do beijo é IMPORTANTÍSSIMO o contato visual;

- O toque macio e lento... Comece com um entrelace das mãos – que, de macias e ingênuas, vão aumentando a pressão e o toque – e continue com os chamegos pelo rosto, pescoço e ombros;

- Por fim, bem suavemente, toque os seus lábios levemente molhados nos dele, deixe que ele sinta a sua emoção. O beijo começa timidamente, com um medo de se entregar a essa paixão, mas, aos poucos, com sua boca, de forma suave, pressionando a dele, comece a se abrir com um movimento mais rápido e urgente;

- Momento "LOVE IS IN THE AIR"! As línguas se entrelaçam, e você o deixa comandar esse beijo pra lá de apaixonado. Deixe que ele sinta sua fragilidade de fêmea, se torne leve e o acompanhe no balanço de seus abraços e o deixe mostrar todo o seu poder de macho, protetor e potente...

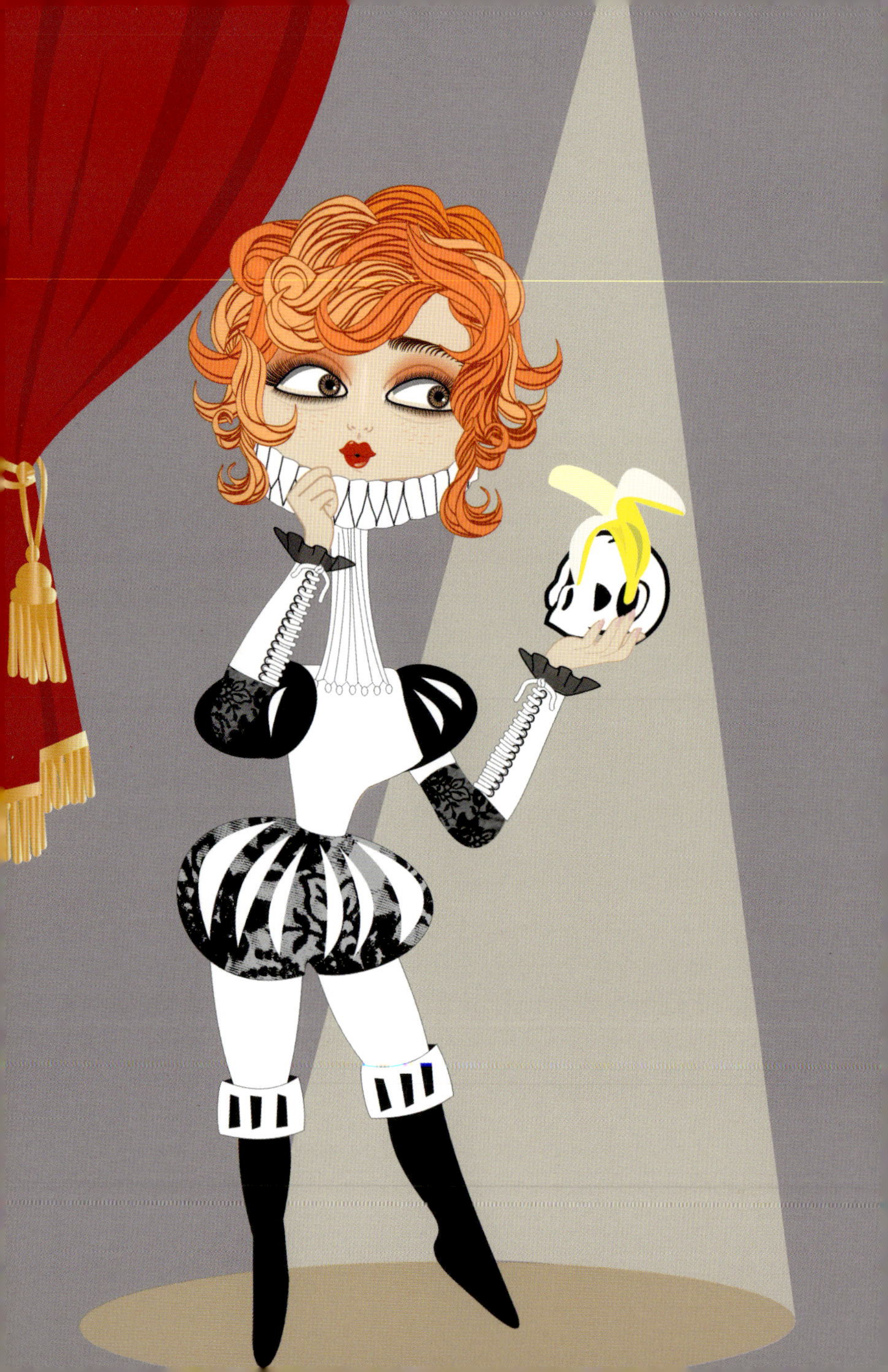

## Proibidões do sexo

*No sexo, tudo é válido e gostoso, desde que seja feito com sentimento. Nem sempre tem que ter amor, mas é preciso ter muita vontade de fazer.*

**Eles têm fama de** "proibidões do sexo", mas, a essa altura do campeonato, a gente já sabe que tudo é permitido, desde que nos traga prazer. Ainda assim, até as mulheres mais bem resolvidas têm dúvidas quando o assunto é sexo anal ou sexo oral. Qual é a hora certa de fazer? O que ele vai achar de mim depois?

Receber sexo oral é, talvez, a coisa mais deliciosa para uma mulher. Todo o nosso orgasmo está ali, na região do clitóris. Tem que querer muito, que gostar muito. É uma preliminar maravilhosa. Deixa a mulher prontinha para a penetração. Tudo fica mais gostoso. Além do mais, faz muito bem à alma ver o homem que você deseja completamente entregue e dedicado a você. Nesse caso, literalmente, relaxa e goza.

E quando eles pedem o sexo oral, temos que fazer? Sim e não, depende de você. É a mulher que deve decidir quando ela quer dar esse prêmio para o seu parceiro. Algumas mulheres sucumbem por não gostarem o suficiente delas mesmas, por se acharem aquém do homem. Outras se garantem em fazer um boquete no primeiro encontro, sem dramas, porque o clima e o lugar eram perfeitos. Só não vejo, particularmente, muito sentido em mulheres que desperdiçam esse presente com um qualquer, alguém que nunca mais vão ver na vida, em carros, elevadores e banheiros. É como dar pérolas aos porcos.

Respeite-se. Não vale a pena atropelar seus desejos e convicções só para o outro achar que você é uma mulher moderna. Só você tem a perder. Fazer apenas o que o outro gosta não é garantia para manter a relação. Pelo contrário. Chega uma hora em que você não é mais ninguém e não consegue mais se respeitar porque está ferindo o seu caráter.

Nessas quase três décadas de casada, eu e meu marido já temos os nossos códigos que indicam se aquele dia é dia de proibidão. Não há momento certo, nem errado, há circunstâncias.

Já o sexo anal é um pouco mais delicado. Os homens adoram, claro. Só a imagem de ter a mulher de quatro, inteiramente dominada, já os leva ao delírio. Para nós, apesar de essa fantasia também habitar nossos pensamentos, a hora do "vamos ver" é um pouco diferente. Além dos cadeados psicológicos e de todo o peso social que ele emana, há limitações físicas que podem deixar a mulher muito humilhada (se ela não tiver uma boa higiene ou sofrer de prisão de ventre, por exemplo, as chances de isso acontecer aumentam consideravelmente). Nosso corpo não foi preparado para o sexo anal, mas algum cuidado costuma resolver.

Existem algumas mulheres, realmente, que não conseguem. E também alguns parceiros podem ter o pênis grande demais. Mas, em qualquer caso, é preciso estar muito relaxada, muito excitada, num clima muito gostoso. Daí o sexo anal rola naturalmente, como um complemento da relação. Mesmo sem o olho no olho, a troca de energia acontece.

É um presente para o seu homem, um plus. O cara que sabe transar, satisfazer uma mulher e respeita a sua parceira sabe a hora certa de agir, e só vai chegar lá quando sentir que ela está completamente enlouquecida e molhada (de preferência, de ladinho, que é mais gostoso).

O amor não é submisso ou dominante. O amor é uma troca.

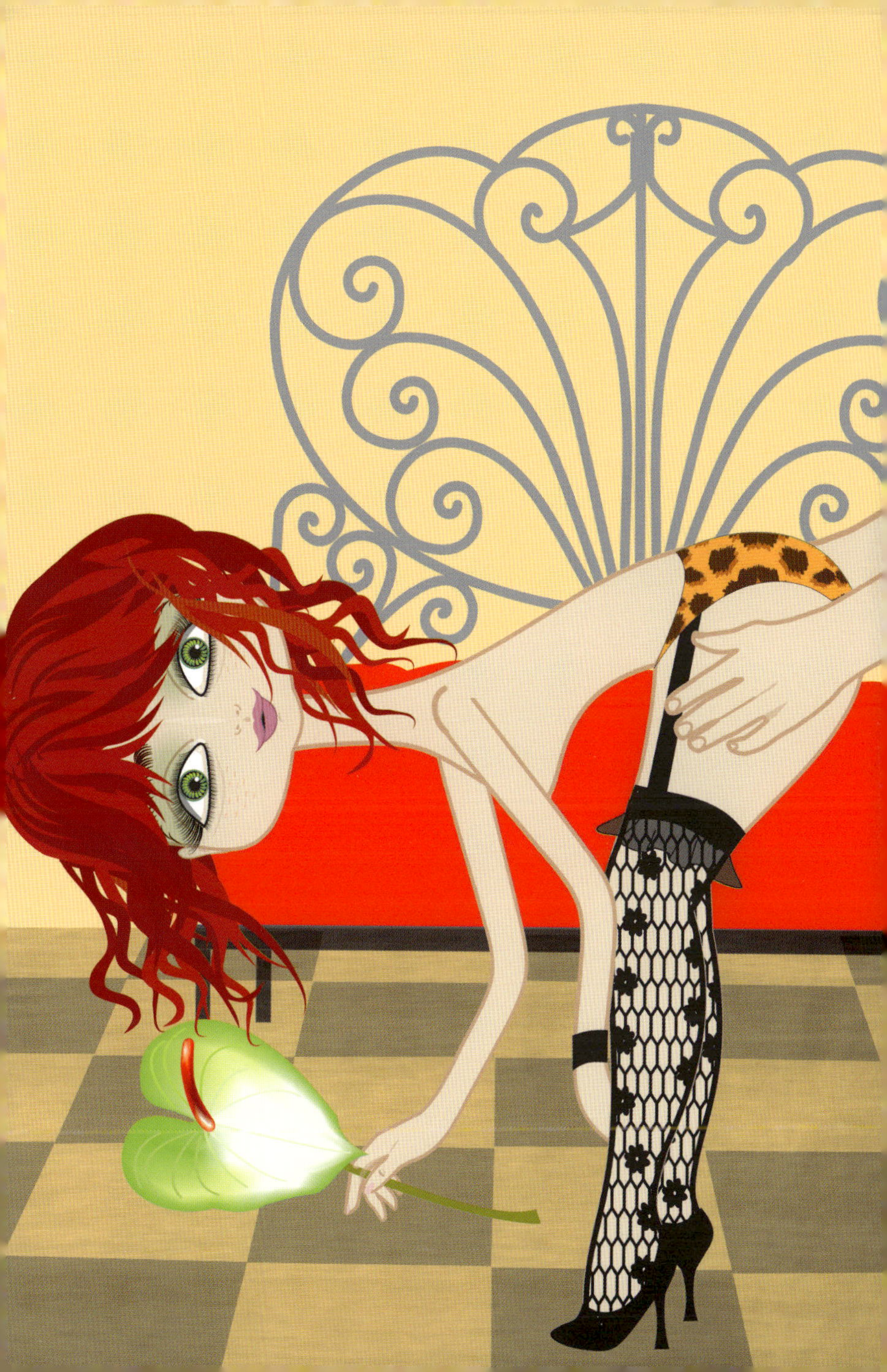

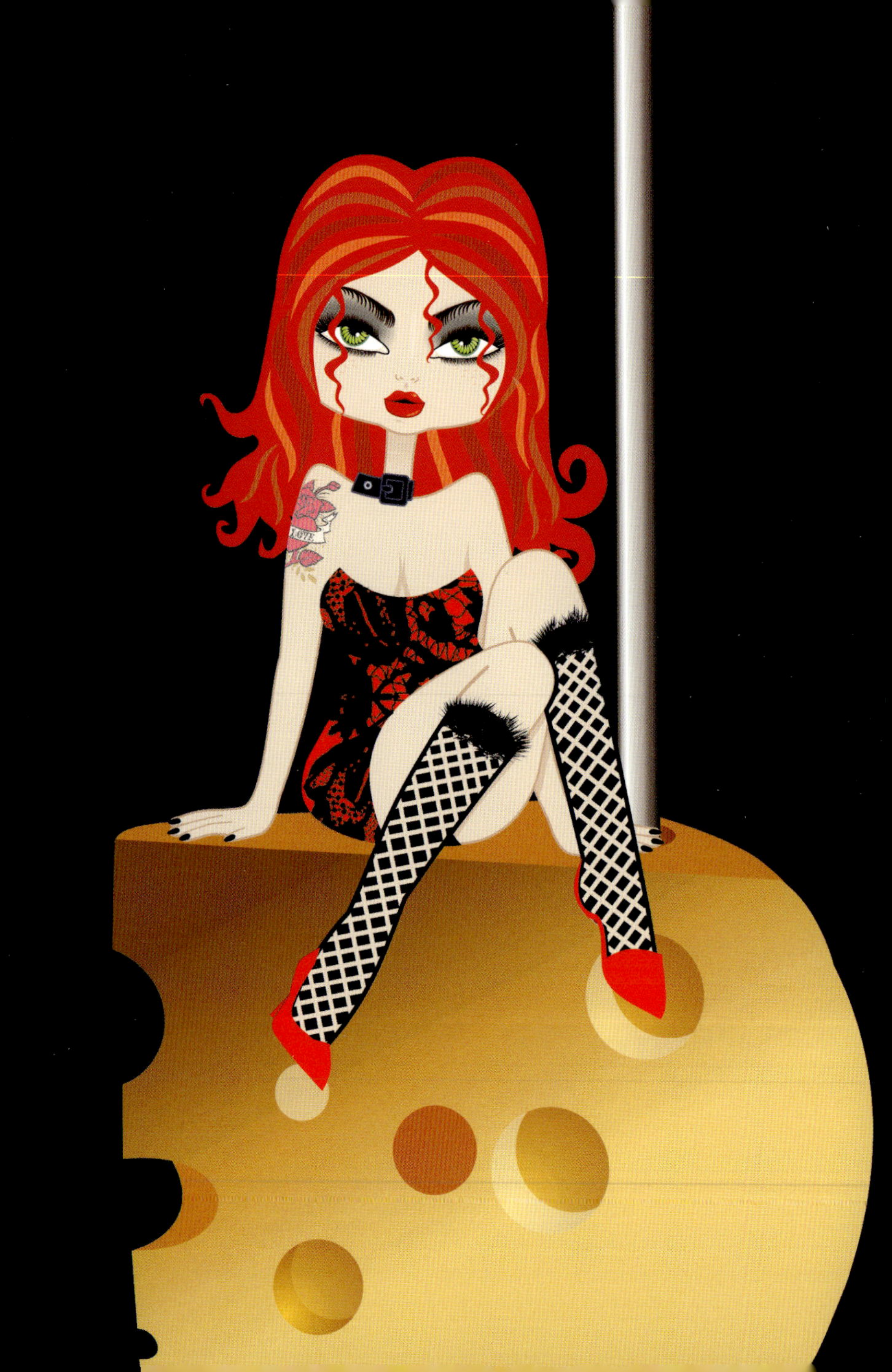
LOVE

ота Taras e fetiches ото

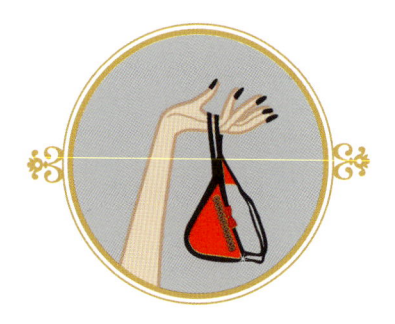

É muito bacana quando um casal, mesmo depois de muito tempo, tem seus fetiches. Ao contrário do que as pessoas pensam, quando o fetiche fica só na parte do sonho pode ser muito interessante e ajudar a manter vivo o desejo entre os dois. Homens são conquistadores natos. É instinto, eles vieram com a missão de povoar o mundo. Então, na cabeça deles, conquistar é preciso.

O homem precisa ter várias mulheres em uma. Na cabeça dele, ele é que tem que conquistar. Os hormônios dele o levam a fazer isso. Para a mulher que tem cabeça, que se gosta, gosta de sexo e se acha uma puta fêmea, não será favor nenhum fazer isso. Vai se reinventar todos os dias porque ela quer dar e sentir prazer com o homem dela.

Se ele quer fantasiar que está trepando com a sua melhor amiga, entre na dele. Não fique insegura achando que ele está interessado nela (mas claro que se você topasse fazer um swing, ele iria adorar). Ele só quer introduzir mais uma na brincadeira, imaginar. Esse não é um sinal de que ele está prestes a traí-la. É apenas um sinal de que ele quer explorar todas as possibilidades, de que você basta para ele. E o que é ainda melhor, ser essa mulher multifacetada o deixa cada vez mais distante de começar a pensar em pular a cerca.

Embarque nas fantasias dele e mergulhe fundo nas suas. Transar com um caminhoneiro? Com mais de um homem? Fazer um sexo bem violento? Fazer sexo oral em outra mulher? Relaxa, isso não tem nada de mais. Lembre-se: depois do orgasmo, você voltará ao porto seguro nos braços do seu macho.

Não se censure, crie uma personagem. A lingerie pode ajudar muito você com isso. Uma bela meia sete oitavos e um bonito corselete já vão teletransportar vocês para outra galáxia. Essa combinação defende a mulher de uma maneira brutal, deixa-a linda, e o homem, louco. E lingerie não é só calcinha, sutiã e cinta-liga. O armário de lingerie da mulher-fetiche (ou seja, todas nós) deve ser multiuso, com peças coringas que possam ser usadas de várias formas. Peças com transparências brancas e rendinhas, por exemplo, podem dar uma bela noivinha.

Agora, uma mulher que tem um marido supersério, um relacionamento mais caretão, em que os dois nunca arriscaram nada, não deve, de repente, aparecer de vestidinho preto, avental e espanador na mão, toda fantasiada. Ele vai rir e debochar e, provavelmente, brochar. Nesses casos, um salto alto poderoso, unhas pintadas de uma cor diferente da habitual, um batom vermelho ou somente uma maquiagem especial já vão fazer efeito.

Introduza os elementos aos poucos. Se a coisa não cair bem, não leve adiante. O que acontece na cama deve morrer na cama. Levar essa discussão para fora do quarto pode transformar uma história que nunca existiu em um problema para vocês dois – e a intenção não é essa.

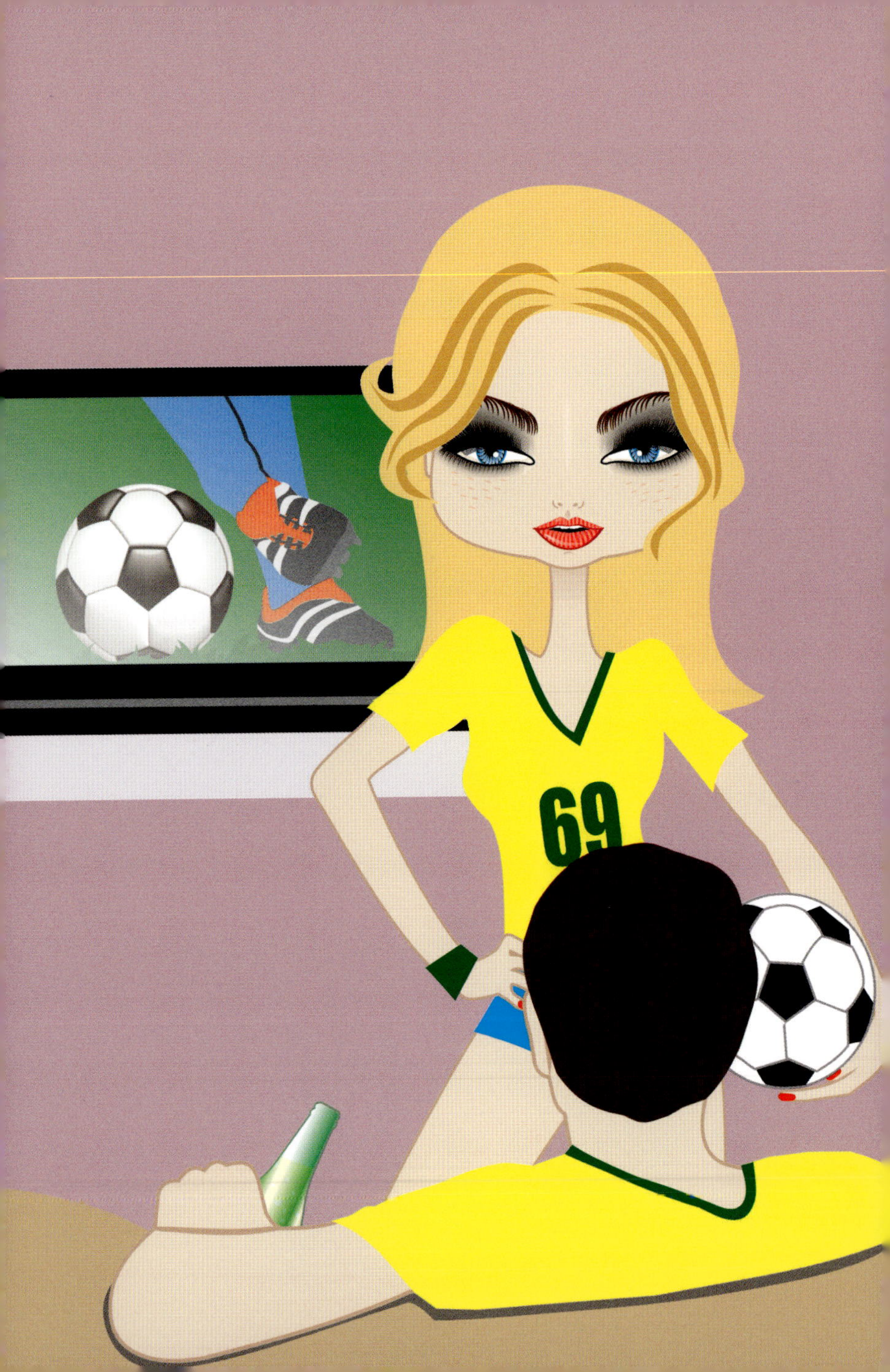
69

❦ Seja amante do seu próprio marido ❦

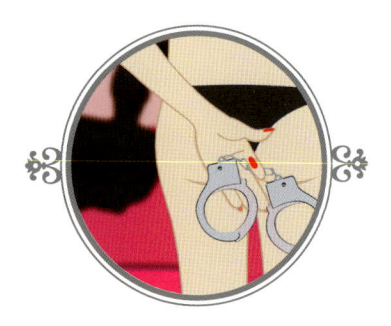

Você é daquelas que acham que tem coisas que não devem ser feitas com o seu marido? Ou que já não tem mais idade para certas estripulias sexuais porque é mãe de família, uma profissional de respeito? Sabe de uma coisa? Esses são grilos imaginários que vamos criando ao longo dos anos, talvez para minar nossa própria felicidade – e somos nós as que mais perdemos com isso. Perdemos no prazer, na autoestima, na chance de nos reinventarmos e sermos pessoas melhores. E, dependendo do caso, perdemos o amor de nossa vida pelos nossos próprios dedos apenas por medo de abrir (ou perder a chave) de certos cadeados.

Sim, porque assim como há casos de quem nunca se arriscou por um grande amor, há quem ache que isso já passou, que não faz mais sentido o desafio depois do "território conquistado". E acaba se tornando uma "Dona Patroa" de primeira. Quem curte?

Ninguém, nem seu parceiro, nem você. Em vez de ficar apenas imaginando como seria bom ter um sexo gostoso com o seu personal trainner, use isso como inspiração para fazer o mesmo (o mesmo, mesmo) com o seu maridão em casa. Jogue limpo – e baixo. Afinal, se ele pode assumir o papel de um gostosão malhador, você também pode incorporar a putinha que possivelmente habita as fantasias dele.

Arrisque uma posição diferente. Procure uma "técnica" nova em livros ou na internet. Pompoarismo, bondage... Seja a cachorrinha dele, faça truques que o surpreendam. Vergonha? Medo? Lembre-se, ele é o seu parceiro. Se ele não conseguir entender isso, quem mais irá?

Não se iluda achando que uma relação paralela vai preencher todos os cantinhos do seu coração e saber apertar os botões certos que liguem o aquecimento interno do seu corpo. Se outro alguém fizer você sentir tudo isso, é hora de dar um basta na sua relação e mergulhar fundo numa nova. Mas, se os cadeados se fecharem novamente, tudo voltará a ser neutro e árido como uma tarde de outono.

Ainda que nada tenha saído como o planejado, não é motivo para jogar a toalha. É sempre tempo de recomeçar. Funcionou comigo, porque não funcionaria com você?

## *10 Mandamentos de como ser amante do seu próprio marido*

- Não deixe que o dia a dia tire o encanto da relação. Em termos práticos: use o banheiro de porta fechada e mantenha sua privacidade.

- Mesmo nas brigas e discussões, fale baixo. Evite palavras ásperas e de baixo calão, pois, ao longo do caminho, elas fazem com que o respeito acabe.

- Cuide de você. Faça cursos, atividades, cultive amigos. Mantenha sua autoestima elevada, pois, para ser amada e admirada pelo parceiro, você tem que se gostar primeiro.

- Mantenha o ambiente da casa e, principalmente, do quarto de vocês cheiroso, com flores e lençóis com detalhes vibrantes: vermelho, laranja e amarelo são cores que aumentam a libido.

- Apesar dos filhos, enteados e trabalho, tenha na agenda semanal de vocês umas horas sozinhos. Pode ser um cineminha, um jantar a dois. Se não der tempo nem para isso, reserve pelo menos uma taça de vinho para relaxar no final do dia.

- Saiba ouvir com atenção aquilo que é importante para seu parceiro e mostre a ele seu interesse e companheirismo.

- Mantenha-se sempre antenada com assuntos sobre economia, política, cultura, assim os assuntos domésticos saem um pouco de cena, e o papo pode fluir com mais variedade!

- Saiba que é preciso sempre beijar na boca; o começo de tudo vem com um bom beijo.

- Nunca frustre o parceiro quando ele quiser discutir sobre a relação. Embora muitas vezes cansativa, a famosa DR evita que um pingo d'água transborde uma taça.

- É fundamental usar a imaginação e, por que não, brinquedinhos sexuais: óleos de massagem, vibradores, anel peniano, uma lingerie sexy. A noite começa engraçada a princípio, depois, dá uma turbinada, e vocês terão sensações inimagináveis.

**Pausa para um momento de reflexão** interna, você com você, mulher.

O sexo é a expressão máxima da troca de energia entre um casal, é o ápice da intimidade, da entrega. Apesar disso, muitas pessoas vivem o ato de maneira mecânica, sem parar para prestar atenção nas sensações, nos pontos mais excitantes, nos movimentos mais prazerosos.

Nós, mulheres, temos que ser capazes de narrar com exatidão o sexo que nos satisfaz, os movimentos que nos turbinam, as posições que nos favorecem. Enquanto não somos capazes disso, temos fortes indícios de que não nos conhecemos o suficiente e não percorremos o nosso próprio corpo com a devida intensidade ainda.

Veja bem, ainda. Nunca é tarde para se conhecer e iniciar uma jornada pelo próprio corpo.

Nas páginas rosas a seguir, você está convidada a mergulhar no seu próprio prazer.

Respire fundo!

Aspidosperma
**Orgasmicus**
*(nome vulgar)*
**Árvore do Orgasmo**

❦ É só isso? ❦

**Tem gente que fica a vida** inteira sem saber por que sexo é bom. Algumas mulheres nunca tiveram um orgasmo na vida. E, pior, outras nem se preocupam com isso. Na maioria das vezes, essas mulheres tiveram algum trauma infantil. Podem ter sofrido abuso ou outra agressão. Podem ter sido criadas em uma família religiosa demais, na qual o sexo é pecado, feio, sujo. Podem ter apenas visto os pais transando na infância e ter ficado com a sensação, ainda inconsciente, de que sexo era uma coisa ruim.

A nossa autoestima não nasce de um dia para o outro. Tem que ser trabalhada desde sempre, desde criança pelo pai, padrasto, irmão mais velho. Receber elogios nem sempre é suficiente. É preciso aprender a ouvir, aceitar e interpretar os códigos do sexo oposto, confortavelmente. Ter a figura masculina do pai, do padrasto ou do irmão mais velho dizendo o quanto somos lindas, belas e fofas sempre ajuda. Aquela menina que nunca teve esse carinho, esse afago, não sabe como reagir quando se depara com um elogio do sexo oposto. A falta de autoestima mina esse processo. Fatalmente, passamos a não nos sentir merecedoras do amor de ninguém.

E, claro, se não nos gostamos, quem gostará de nós? Ainda que vençamos essa barreira, administrar esse amor precisa de muita dedicação. Nessa condição, um parceiro que realmente nos ama precisa nos ensinar que podemos, sim, amar e ser amada. Ensinar a perdermos a vergonha de transar, a perdermos a vergonha de dizer que queremos transar – e que podemos indicar ao nosso parceiro o jeito que gostamos das coisas.

Por exemplo: se na hora H, você fica pensando na lista de compras ou na reunião de trabalho, é porque algo não vai bem. Na verdade, era para você estar tão excitada a ponto de não conseguir se concentrar em nada, apenas relaxando e esperando para gozar. Sexo não é, nem nunca pode ser, apenas abrir as pernas. O sexo é um complemento do amor, não tem como ser ruim.

É preciso ter energia, em primeiro lugar. Essa energia varia de parceiro para parceiro, mas há técnicas que ajudam e muito no aumento do prazer do casal. Nem sempre a primeira vez é lá grandes coisas. Os motivos podem ser infinitos, desde uma leve indisposição, nervosismo ou até mesmo vergonha de ficar pelada na frente de um "desconhecido". Já parou para pensar que o sexo com o parceiro novo pode ter sido morno porque você ainda está ligada demais ao seu passado? Dê uma nova chance para ele e para você também.

As pessoas têm medo do que é novo, de poder errar. Só que a melhor coisa do mundo é errar. O bom da vida é que lavou, tá novo. A mulher tem que chorar, sofrer, acertar e ser feliz. Por mais que algumas vezes a angústia pareça eterna, assim como a felicidade não é eterna, a tristeza também não. Aliás, as duas caminham juntas, e o objetivo é encontrar a harmonia, a paz, a rotina.

Se seu corpo e sua mente estiverem lutando por esse objetivo, um dia vai acontecer. E vai acontecer de uma forma tão gostosa que você nem vai saber dizer como, nem por onde começou. Até porque não existem coisas separadas, um botão específico que você aperta, e o orgasmo vem. Ele vem surgindo dentro de você, desde o primeiro beijo, de um toque de mão, de uma troca de olhar... Tudo faz parte.

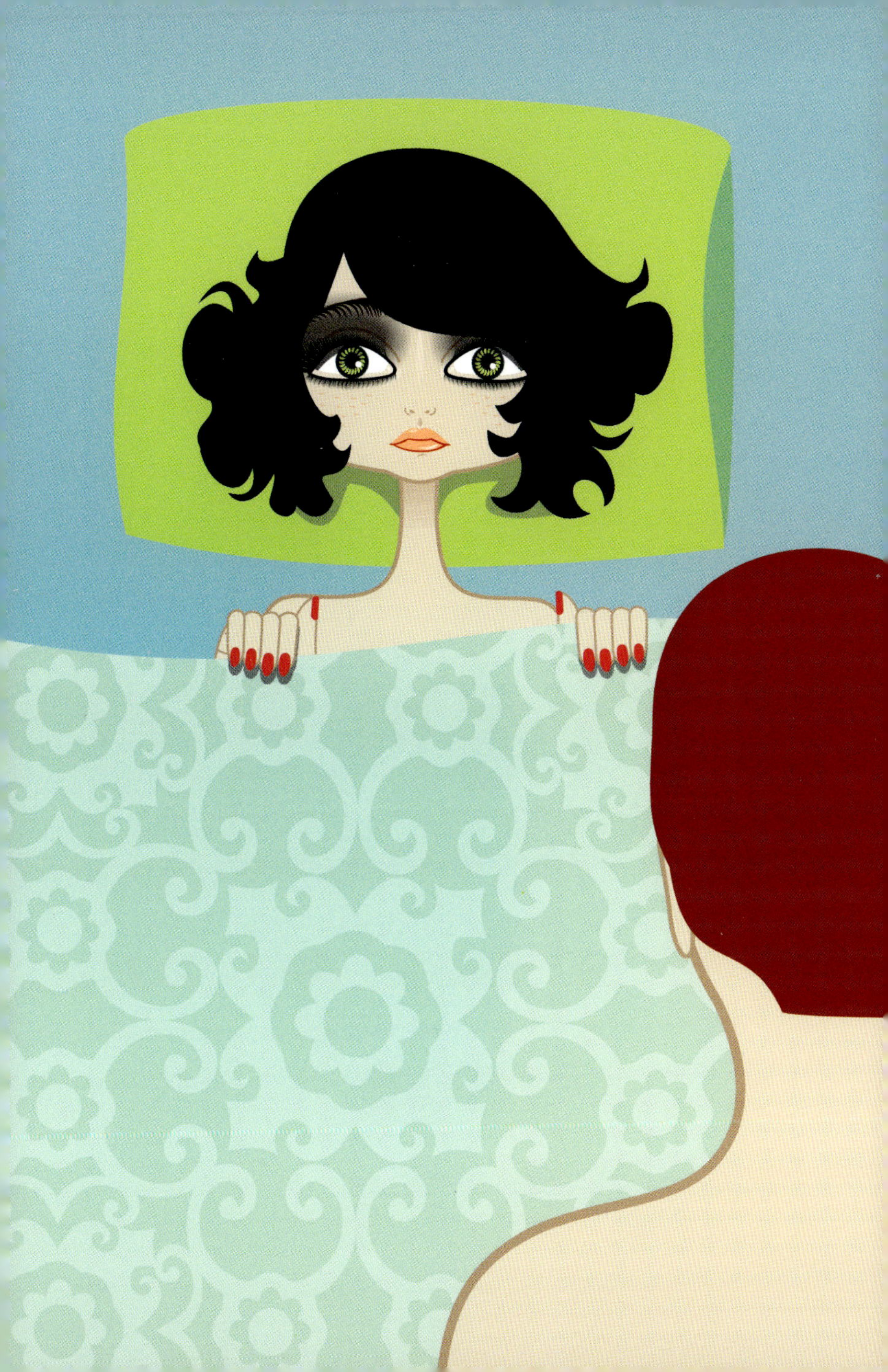

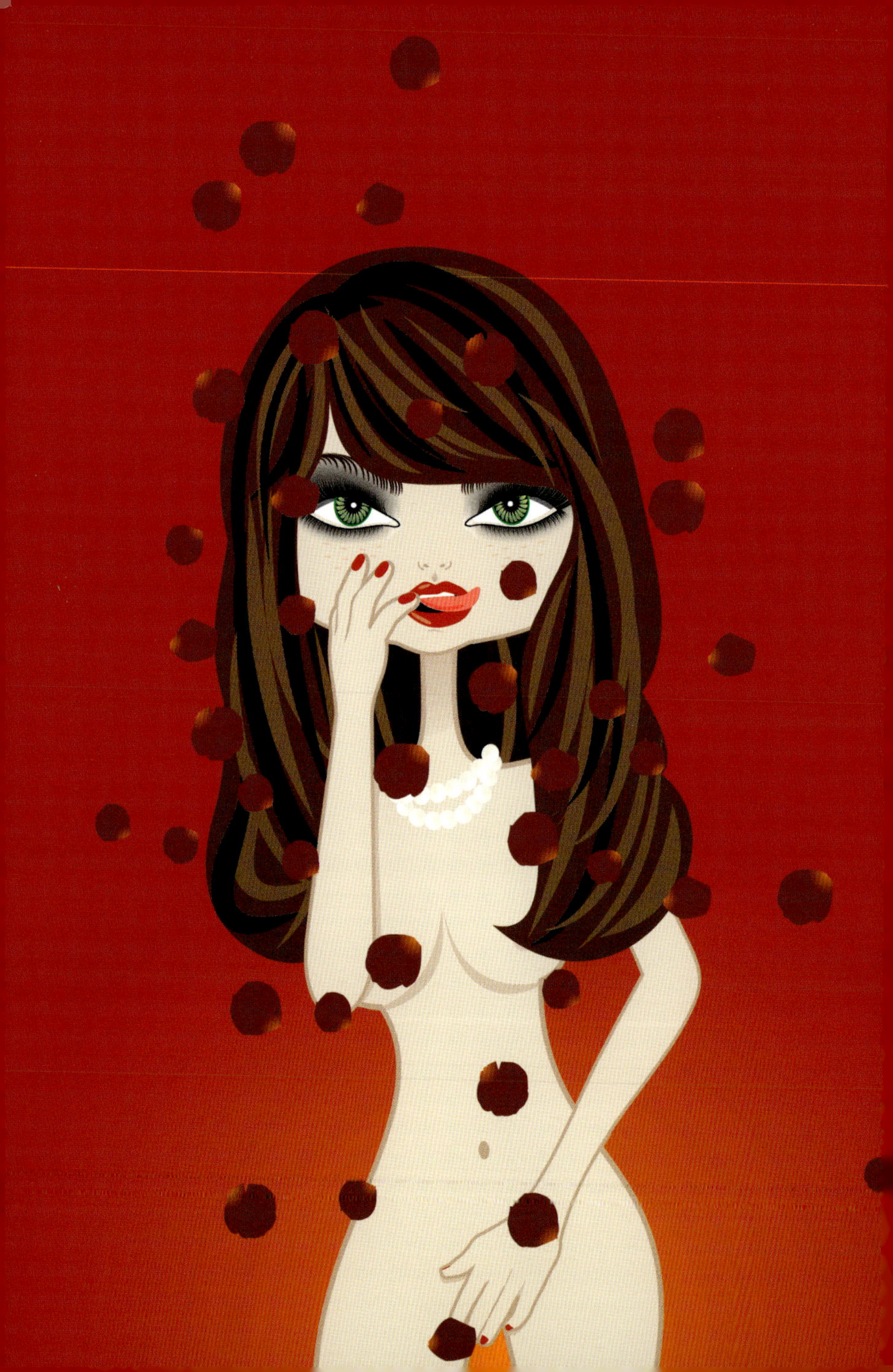

❦ Se toca, vai ❦

**As mulheres que têm mais** dificuldade em se entregar, em se doar, devem procurar uma terapia. Não que elas sejam piores do que ninguém (até porque pedir ajuda é um ato nobre). A terapia vai ajudar no conhecimento do corpo, dos sentimentos e das sensações que vão abrir as portas para o prazer. Nesses casos, a ajuda profissional funciona muito mais do que um bate-papo informal com as amigas. É comum, até mesmo por proteção, que a ouvinte rebata o depoimento de alguém carente dizendo que seu marido a procura todo dia — o que não vai ajudar em nada.

Existem dois problemas aí: a primeira coisa que você deve ter em mente é que um bom sexo às vezes é bem melhor do que transar todos os dias de maneira robótica. A outra é ainda mais simples: quem fala muito mente. Não caia nessa. Não se deixe levar pela conversa mole das amigas. E nem pela quantidade no lugar da qualidade. Não queimamos sutiãs à toa, não vamos retroceder.

Há mulheres que colocam a culpa da falta de tesão no parceiro, mas nunca tentaram atingir o êxtase sozinhas, masturbando-se. Algumas nem sabem bem como é o seu corpo, nunca colocaram um espelhinho lá embaixo para explorar o seu sexo. A essa altura do campeonato, a mulher Pselda sabe que pode contar com uma mãozinha amiga para resolver esses impasses.

Algumas questões podem até parecer bobas e, a princípio, sem noção (e talvez por isso você nunca tenha tido coragem de falar sobre elas com as pessoas mais próximas como a sua mãe, seu ginecologista e, menos ainda, com o seu parceiro). Mas nada que a gente não possa resolver numa tarde regada a espumante e com pessoas que entendem mesmo do babado; num time que equilibra experiências comuns, de uma especialista no assunto (que testou e aprovou tudo com o maridão antes de repassar as informações) e de uma profissional sexóloga para debater tudo o que você sempre quis saber sobre sexo, mas tinha vergonha de perguntar. Isso pode ser feito tanto em locais específicos para isso (como fazíamos na Pselda), como também em rodas de amigas guiadas por alguma convidada mais "experiente".

Contra a falta de tesão, informação é a solução. Livros, filmes, cursos. Quanto mais segura você estiver como pessoa, mais vai ter coragem de dizer que não quer transar naquele dia, que a coisa não está boa e que gostaria de tentar algo diferente. Quantos casamentos já não foram pelos ares só pelo pudor de um falar o que sentia para o outro? As poeiras vão para debaixo do tapete até que, uma hora, explode tudo de uma vez só. Um monstro que não teria se criado se tivesse havido conversa.

As mais práticas podem se arriscar logo em cursos de técnicas e truques para turbinar o prazer sexual, como aulas de pompoarismo por exemplo. Parece truque, mas é pura prática. Com a orientação certa, a mulher aprende a controlar mais a própria vagina, a se exercitar internamente (usando aqueles pesinhos e bolinhas tailandesas que você sempre olhou com curiosidade nas sex shops). Com elas, a mulher ganha tonicidade vaginal, aprende a ter controle da vulva e do períneo e a ficar apertadinha na hora certa. Quanto maior a intimidade com a técnica, mais controle você terá da sucção e entrada e saída do pênis – o que o deixará maluquinho, delirando de prazer.

## Algumas coisinhas que falamos por aí
*(como inspiração pra você e suas amigas)*

### Sala íntima

Sabe aqueles papos sobre as questões mais doidas, que podem ser até meio idiotas, mas você nunca teve coragem de falar com sua mãe ou seu ginecologista, e muito menos com o seu parceiro?

Nesse encontro de uma tarde inteira regado a muito prosecco para relaxar, conversamos sobre sexo e sexualidade (contando com a "ajuda" de uma sexóloga e uma *personal sexy* — isso mesmo, ela se especializou em sexo, testou e aprovou todos os seus conselhos e, o melhor, foi aprovadíssima pelo maridão).

Vários assuntos são abordados, tais como: sexo anal, sexo oral, desejos como sexo a três, amarrações, fantasias das mais variadas, medos de ser diferente dos demais, traições, posições diferentes, quebra da rotina sexual etc., ajudando não apenas na quebra de alguns tabus como também na desmistificação da mulher que gosta pra valer de sexo.

### *Sobre orgasmo*

Todo casal quer atingir o orgasmo junto, numa mesma sintonia. Nada melhor e mais romântico, né? Mas, para atingir o Nirvana, é preciso ter muita paciência! E a concentração é uma das principais técnicas para chegar lá.

A maioria das mulheres precisa de muitas preliminares, muitos beijos e toques, e há quem diga que o sexo oral é o que nos deixa mais que turbinadas...

Muitas delas, porém, mesmo com tanta preparação, não conseguem atingir o orgasmo com a penetração.

Por favor, não criem caraminholas na cabeça, porque isso é muito mais comum do que vocês pensam! Por isso, é tão importante conversar com o parceiro para, juntos, romperem a barreira do preconceito e fincar os pés naquela máxima que a dois tudo é permitido.

Nos cursos que dávamos sobre os truques e técnicas para a melhoria do prazer sexual, as aulas de pompoarismo ajudam muito, pois fazem com que as mulheres tenham mais controle sobre a própria vagina e saibam se exercitar internamente através de pesinhos e bolinhas tailandesas que as deixam mais apertadas e com mais tonicidade; dessa forma, têm-se maior controle na vulva e no períneo. E o melhor: você aprende a controlar a entrada e saída do pênis dele, o que certamente o enlouquecerá – pode acreditar, essa técnica, quando bem aplicada, é um diferencial e tanto nas nossas performances como fêmeas!

Certamente, vemos que nada está perdido em matéria de prazer sexual e para cada caso específico tem um jeitinho e muitos artifícios e brinquedinhos que, com certeza, ajudam e muito o ritmo do orgasmo a dois. Recomendo para os casais que se frustram por ele ter orgasmos antes da parceira o Anel Peniano, que é colocado na base do pênis e, que, além de excitar a mulher na penetração com o vibrador nele acoplado (com estimulação clitoriana), dá uma maior força ao segurar o gozo do homem e manter a ereção peniana por mais tempo. Bom, né?

Com paciência, muito diálogo e, é claro, muita vontade de agradar o parceiro amado, essas técnicas e conversas só possíveis em encontros temáticos transformarão suas noites em uma verdadeira LOUCURA!

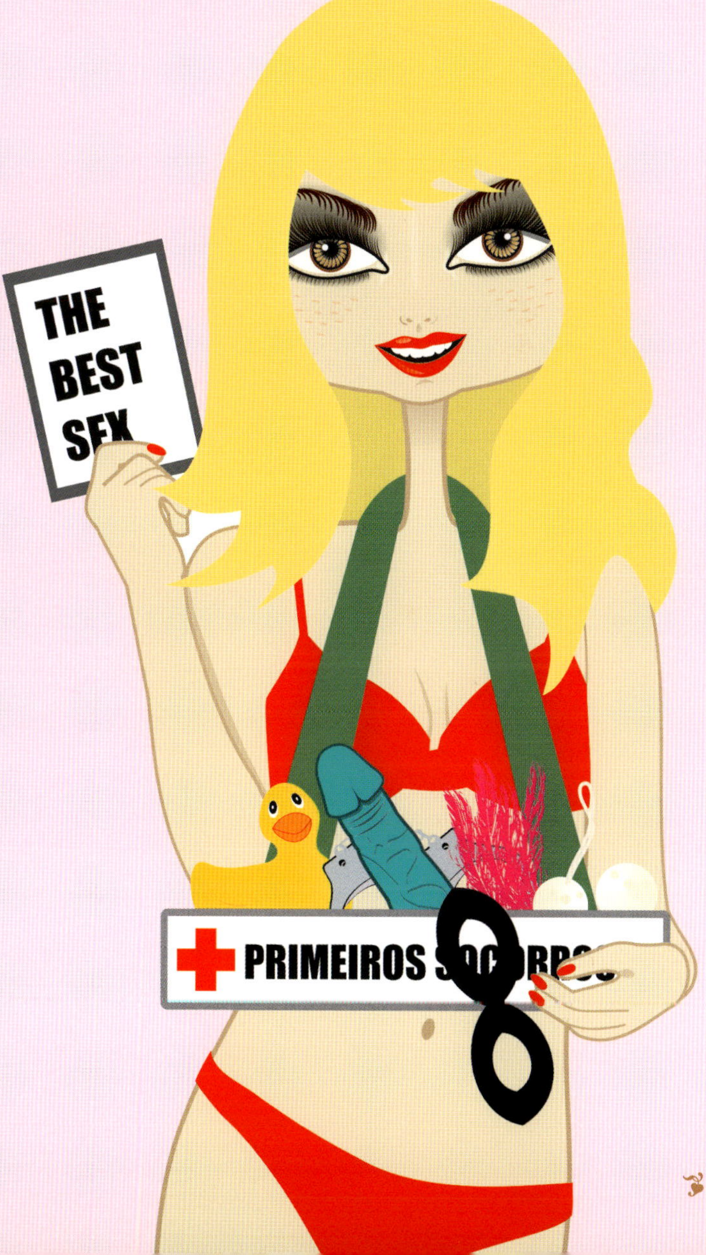
THE
BEST
SEX
PRIMEIROS

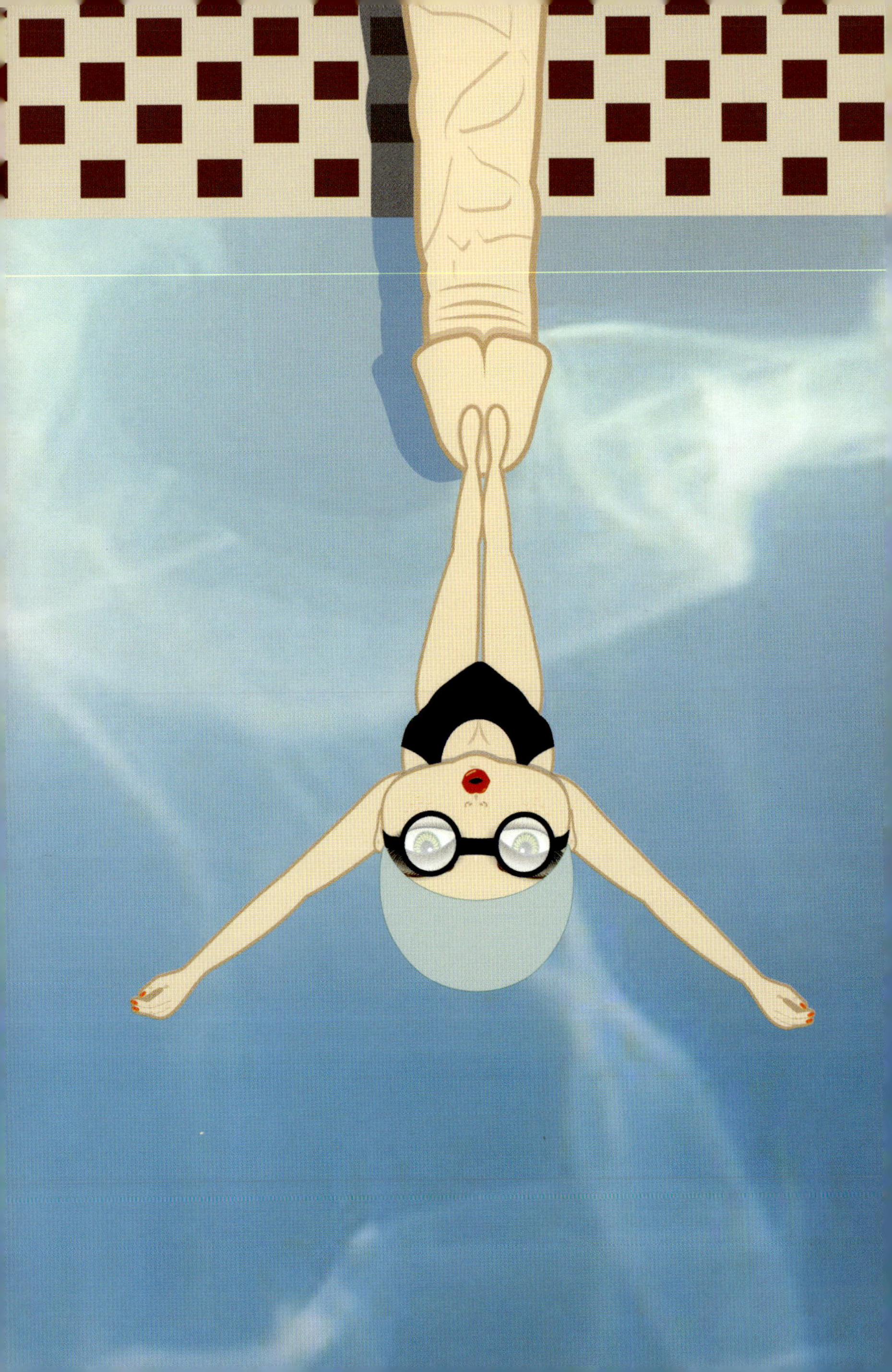

❧ Ponto G ☙

**Até pouco tempo atrás,** o ponto G era o X da questão. As mulheres colocavam a culpa nos homens por não saberem encontrar o dito cujo. E os homens, no Elo Perdido, dizendo que isso era coisa que colocaram na nossa cabeça. Daí veio a ciência e colocou um ponto final nessa discussão sobre o Sexo dos Anjos.

A tentativa de mapear o pote de ouro do prazer feminino – que, tecnicamente, ficaria numa área enrugada na parede interna na vagina – foi feita com 1.800 mulheres. Em vão, para decepção do ginecologista alemão Ernst Gräfenberg, que há meio século deu origem ao nome que povoou a mente feminina e aterrorizou as cabeças masculinas. De acordo com cientistas londrinos, isso realmente não passa de uma coisa que colocaram na nossa cabeça.

Literalmente, na nossa cabeça. Dependendo da relação, as zonas erógenas que podem levar uma mulher ao orgasmo são infinitas. Duvida? Então os orgasmos que você já teve, sozinha, na sua cama ou em frente ao computador, trabalhando, imaginando ou lembrando momentos de prazer e situações eróticas que te excitam não valeram?

Não dá para igualar tesão a meridianos – ainda que eles também sejam imaginários. Se você fica louca com um carinho num lugar diferente do convencional, não questione, se entregue de corpo, alma e coração. Deixe de lado o jogo dos sete erros do sexo do dia a dia e entre em campo para o jogo dos mil acertos. Qualquer parte do seu corpo pode lhe dar prazer. Axilas, orelhas, joelhos... Sei lá, vai explicar!

O sonho de todo casal é atingir o orgasmo junto, numa cumplicidade total. Mas, para atingir o ápice a dois, é preciso mais que concentração e técnicas para chegar lá. Mulheres e homens funcionam em tempos diferentes. Nós precisamos de muitas preliminares, muitos beijos e circunstâncias para chegar à penetração já prontas para o gozo.

Sem esse tal de ponto G, sem essa pressão que supõe uma área exata para o prazer acontecer, muitas barreiras psicológicas vão por água abaixo. As chances de o seu parceiro explorar zonas até então inexploradas de seu corpo aumentam a chance de vocês encontrarem, quem sabe, inúmeros pontos muito mais poderosos. Nada é uma verdade absoluta quando você vai para a cama – e isso é libertador.

O orgasmo é o trampolim do sexo. Você está ali, pronta para viver uma das maiores sensações da sua vida; mas, se olhar para baixo e hesitar, já era. Se joga!

## Brinquedinhos aliados do prazer

*Jack Rabbit* O coelhinho que ficou mundialmente famoso com o seriado "Sex & the City" fez muita mulher deixar o preconceito de lado e invadir as sex shops em busca desse objeto de desejo. Com estimulação clitoriana, com potência e funções múltiplas, e penetração (anal para quem curte, inclusive), é a estrela dos vibradores.

*Calcinha vibratória com controle remoto sem fio* Esse brinquedinho é ideal para o casal exercitar a cumplicidade. A mulher veste a calcinha com o vibrador, deixa o controle remoto com o parceiro, e pronto! O jogo está armado. A partir daí, numa festinha ou num jantar, o prazer dela estará, literalmente, nas mãos dele.

*Ovinho vibratório* Ele não é o Coelhinho da Páscoa, mas pode lhe trazer muito prazer. Movido a bateria, o ovinho do tamanho de um chaveiro pode ser levado na bolsa, sem levantar suspeitas. A vantagem é que, como ele está sempre com você, pode ser usado para passar o tempo no trânsito, na sala de espera de um consultório e até mesmo numa reunião.

*Patinho de espuma* Quem olhar esse inocente patinho de espuma descansando na borda da banheira não imaginará a canseira que ele pode dar quando entrar em ação. À prova d'água, ele pode te acompanhar nos momentos mais íntimos e fazer você naufragar de prazer – além de ser um belo massageador.

*Bolinhas para pompoarismo* Não é segredo para ninguém que a técnica oriental que ensina a mulher a controlar os músculos vaginais leva qualquer homem à loucura. Com essas bolinhas, você aprende a controlar a pressão e experimentar movimentos que vão deixar seu parceiro caidinho por você.

*Kit de pompoarismo* Esse kit para a prática de pompoarismo é um segundo degrau para as já iniciadas na técnica. De pesos diferentes, os acessórios permitem que você exercite a musculatura vaginal com diferentes movimentos internos, treinando novos truques para ele.

*Anel peniano com vibrador* Uma vez que você veste o anel peniano no parceiro, a relação de vocês nunca mais vai ser a mesma. Os mais confortáveis são os de silicone, que dão a pressão ideal para deixar o homem em ponto de bala. Os que têm estimulador de clitóris proporcionam um prazer ainda maior para o casal.

*Finger sex* É um massageador feminino que dá asas à imaginação, com diferentes "disfarces" como se fossem fantoches do seu filme pornô particular. Uma delícia vibratória para os seus momentos mais íntimos.

*Concha vibratória* Já imaginou se você pudesse controlar a intensidade do sexo com apenas um comando? Pois, com a concha vibratória, isso é possível. São cinco velocidades diferentes para estimular o clitóris, além da penetração.

*Borboleta* A grande vantagem dessa gracinha é que você pode se entregar ao prazer sem ter que manipular nada. Vestindo as tiras de elástico, é só botar a borboleta para funcionar, que você vai sair voando.

*Florzinha vibratória* Inocente e safada na medida certa, essa florzinha vibratória é ideal para deixar em lugares estratégicos, como o porta-luvas do carro ou a gaveta do escritório. Ninguém nunca vai desconfiar que se trata de um vibrador.

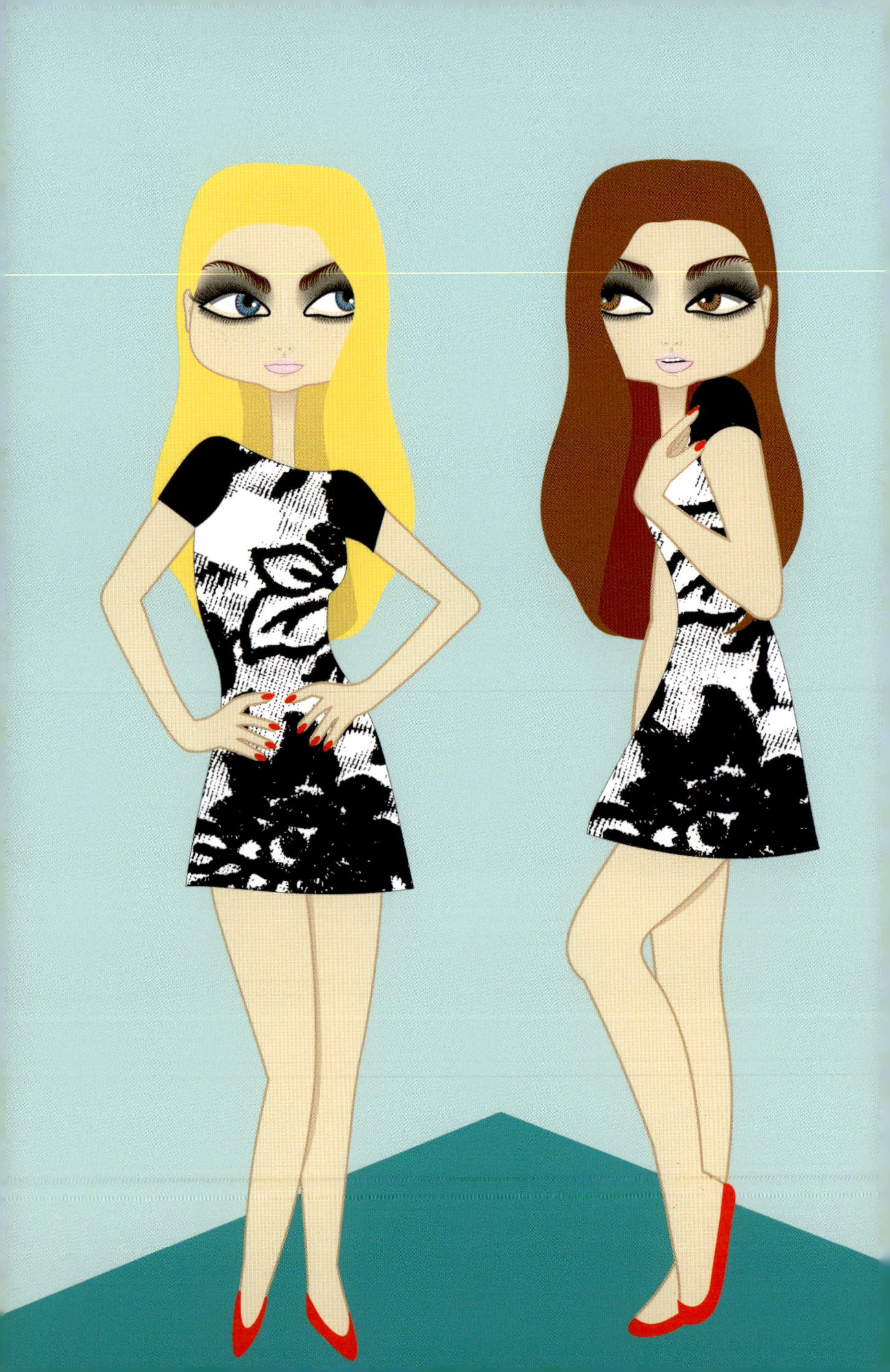

❧ Mulher solteira procura ❧

Mulheres são seres sensíveis com a inteligência emocional afiada e, por isso mesmo, podem ser muito cruéis. Sozinhas, elas podem ser doces e meigas, mas, em grupo, sempre vão escolher um alvo para atacar. Se a maioria do grupo é alta, pobre da baixinha. Se todas estão acima do peso, melhor nem descrever o que pode acontecer com a única que está de dieta e em dia com a academia. Já reparou que nenhuma magra assume que passa dias a base de alface, diz que se entope de chocolate e que é linda por natureza?

Balela. Há mulheres que insistem em assumir essa postura como proteção para esconder as suas próprias fraquezas e acabam mandando umas energias nada boas para você. Mas, antes de colocar a culpa toda na amiguinha, vale a pena pensar o seguinte: esse tipo de coisa só gruda nas nossas energias se a gente quiser. A mulher que está bem harmonizada, plenamente realizada, com a autoestima em dia, percebe na hora quando outro alguém quer sugar suas forças.

Falo isso de cadeira. Quando aconteceu de ter uma "mulher solteira procura" na minha cola, copiando os meus passos, minhas atitudes e até mesmo meus gestos, aconteceu porque eu permiti. Quando um não quer, dois não brigam. Estava tão focada na vida ideal, na família "comercial de margarina" com marido, casa, filho e jardim que a minha visão ficou embaçada. Depois, entendi que ela só fazia isso porque também não estava bem. Estávamos as duas na mesma sintonia. Mas, se isso a incomoda, se você acha que está passando dos limites, chega e conversa. Diz que não está legal. Vai que a pessoa nem tem noção de quanto invasivos são alguns de seus gestos e atitudes?

Há mulheres que são competitivas por natureza. Quando solteiras, o bambolê no anular esquerdo pode atrair mais do que um solitário. É uma concorrência quase desleal. Em primeiro lugar, a mulher solteira é "carne nova no pedaço", tem frescor e não carrega o peso da rotina, dos filhos, da família... Depois, ela não tem compromisso. Pode entrar numa de tentativa e erro (se importando mais com a quantidade do que a qualidade) e passar dos limites, achando que essa caça é normal. É, pode ser, mas e quando é o seu marido que está no centro das atenções?

Nesse caso, acredito que existam dois caminhos. Um é dar um toque de leve na amiga, genericamente, sem envolver nomes. Vai que ela se toca. O outro é se proteger mais, se expor menos. Dividir isso com o parceiro não é uma boa ideia. De repente, ele nunca notou essa sua amiga, e você passa a despertar nele um interesse por ela. Um gol contra em final de campeonato.

Me considero uma pessoa moderna de cabeça. Sempre tive uma sensibilidade muito grande em relação às mulheres; gosto das mulheres. Quando alguém me copia, prefiro encarar como um elogio. Como se eu virasse um ícone para aquela pessoa. Sou muito desarmada em relação às mulheres. Aceitar elogios também não é mole, não. Quantas vezes alguém já elogiou a sua roupa, e você, sem pensar, respondeu: "Nossa, mas é tão velha!". Ou então, mesmo sabendo que está de dieta há dois meses, diz que engordou quando alguém fala que você está mais magra!

Tudo é uma questão de equilíbrio. Gosto de ver as minhas amigas lindas, bem tratadas, bem amadas. E isso não quer dizer que eu esteja querendo viver a vida delas. Muito pelo contrário. Me sinto bem quando dou um jantar, uma festa, e todas elas estão em sua melhor forma, com o vestido mais bonito e os sapatos mais finos só para me ver, para me prestigiar.

Eu não as vejo como concorrentes, elas são minhas amigas. E, pelos bons e maus exemplos, muito me ensinam.

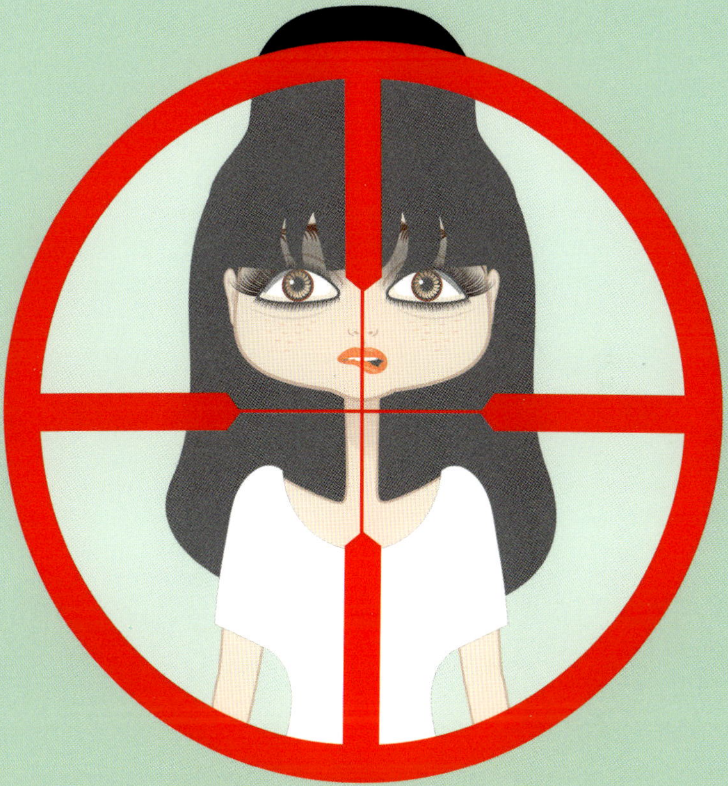

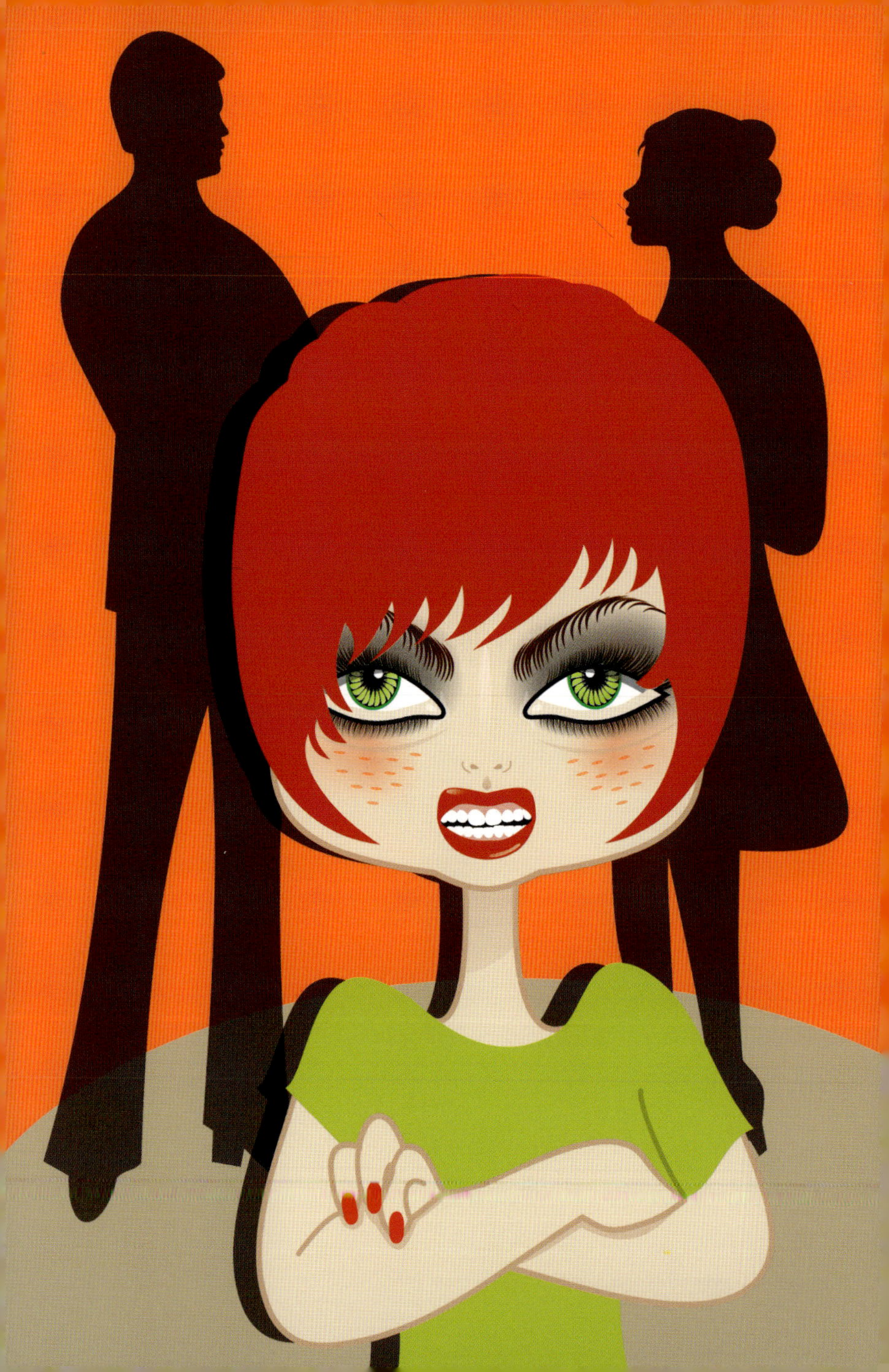

Ciúmes

**Ciúme na medida certa** pode até apimentar a relação. Quando é demais, pode a transformar num inferno. E quando ele não existe, pode esfriar tudo, deixando espaço para o outro pensar que não é assim tão importante. Então, ter ou não ter, eis a questão. Vire a ampulheta do amor e deixe as coisas acontecerem no tempo e na medida certos.

Antes disso, porém, temos que pensar em ciúmes como um sentimento que vai além da relação homem e mulher, envolvendo uma terceira pessoa ou circunstância. A gente pode ter ciúmes do futebol que ele assiste aos domingos, da visita aos filhos (que ele não abre mão) no meio da semana, dos amigos da pelada que você não conhece ou até da própria sombra.

Um ciuminho aqui, outro ali, quando ele está mais ausente por conta do trabalho ou de outro motivo importante pode ser interpretado como uma demonstração de saudades. Quando passa a ser de dúvida, é bom pisar no freio. Não é bom ficar desconfiando de cada passo de seu parceiro, nem vice-versa. E quando isso começa a acontecer, vira uma bola de neve, quase impossível de parar.

Demonstrações públicas de ciúmes deixam o casal vulnerável e chamam atenção para uma falta de cumplicidade, elemento tão fundamental para uma vida feliz a dois. Além de ser um mico.

Entrar numa guerrinha com a família, filhos e mesmo a ex-mulher dele é a maior roubada. Converse, divida, questione e argumente. Deixe claro do que você não gosta para que ele possa evitar, e abra espaço para que ele diga do que ele não abre mão. A resposta nem sempre vai ser a que você quer ouvir, mas pirar em histórias que não pertencem a você só vai te fazer sofrer.

Você também tem os seus pontos fracos que a deixam insegura. Entenda que ele também não é de ferro. Abaixe a guarda quando ele pedir para você descer a barra da saia dois dedinhos. Não chega a ser uma submissão, é apenas uma forma carinhosa de dar moral a ele. Claro que, se ele fizer isso sempre, a coisa muda de figura e passa a ser possessão. Pondere.

Não rebata uma atitude impulsiva e ciumenta com outra. Um relacionamento não é uma guerra. O plano é ficar bem. E o tempo e a energia perdidos com crises de ciúmes poderiam estar sendo investidos para fortalecer a história de amor de vocês — e deixar muito casal neura por aí morrendo de ciúmes. Mas isso não é problema de vocês, não é verdade?

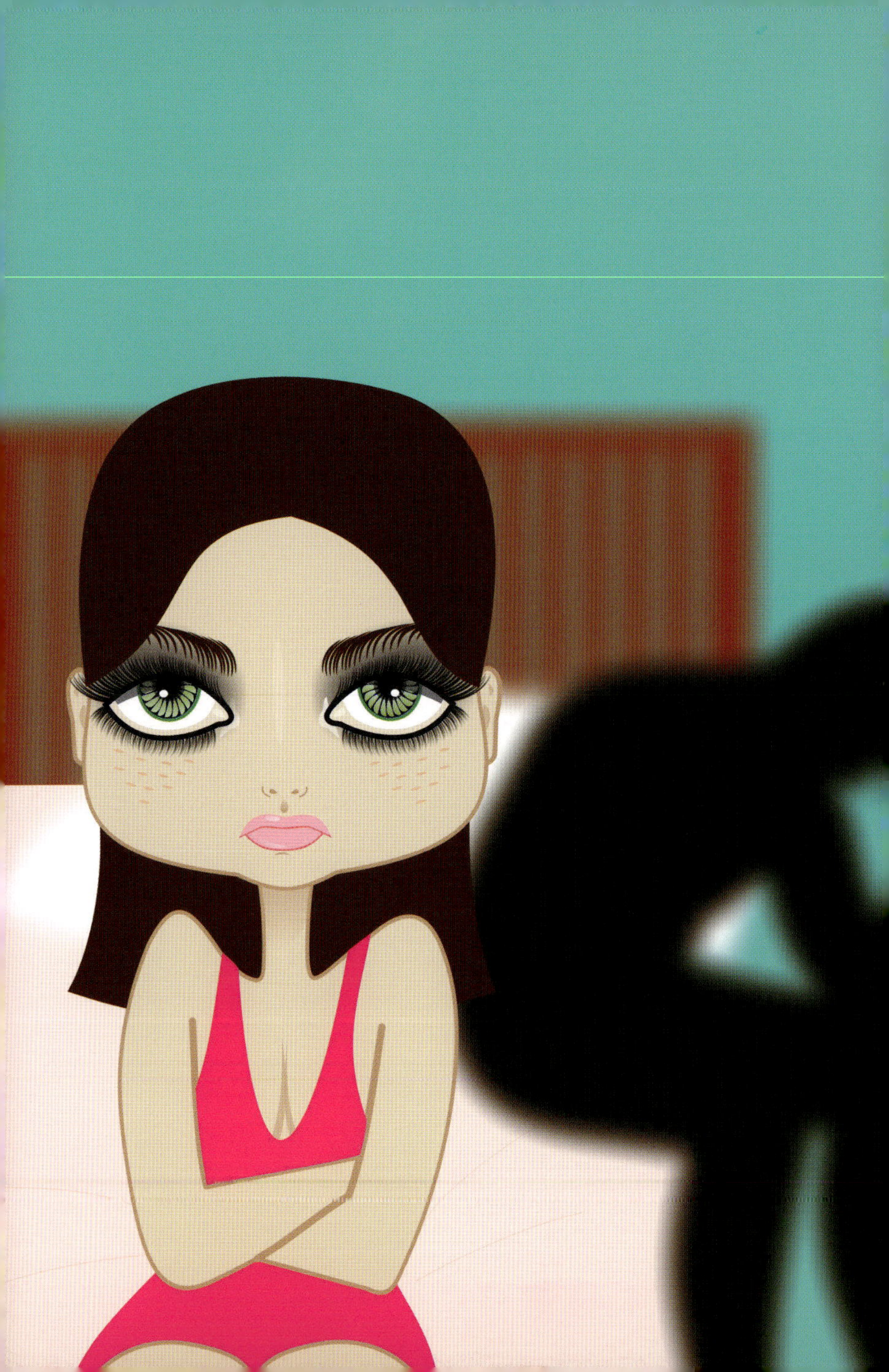

❦Traição mesmo ou é coisa da sua cabeça?❧

*Antes de acreditar em indícios de traição,*
*pare, pense e avalie se não é você que está insatisfeita*
*com o rumo da sua vida.*

Por mais que o homem não diga com todas as letras "eu não estou mais a fim de você", ele faz questão de deixar pistas de que já não está mais assim tão inteiro na relação. Pode ser que vocês continuem transando, até com a mesma frequência de antes, mas ele não goza. Transa, transa, transa até cansar, mas para no meio sem chegar lá. Dores de cabeça repentinas, mudanças bruscas de comportamento e de horário, ligações escondidas, celular apitando demais são indícios de que é hora de ligar o alerta laranja. Veja bem, laranja. Assim como todos esses sintomas podem ser uma evidência de que ele não está conseguindo se concentrar em você porque está com a cabeça ocupada com outra pessoa, pode ser apenas que ele esteja passando por um momento difícil no trabalho.

Homens quando começam a perder o interesse pela parceira não dormem direito e começam a apresentar sinais de depressão. No início, a tendência é negar que o problema esteja naquele relacionamento. Geralmente, eles vêm com aquele lero-lero de que "não sabe o que anda acontecendo com ele, que está triste, não está entendendo" e quase chega a jurar de pés juntos que não é nada com você. Quando ele começa a dizer que precisa de um tempo, a coisa fica mais séria.

Use a sua sensibilidade em potência máxima, mas não caia em tentações das quais possa se arrepender depois. Não o coloque na parede perguntando se ele prefere você ou os amigos (muitos desses já estavam presentes antes mesmo de você aparecer na vida dele); se você nunca saiu com certo grupo de amigos dele (como os da pelada, por exemplo), não insista, respire fundo e deixe rolar. Sufocar o outro nesse momento é fatal. E quando ele nega a traição é sinal de que ainda tem esperanças de reverter a situação e de continuar a ser feliz com você.

Provocar ciúmes pode fazer com que ele resgate o interesse que tem por você. Mas essa medida é muito delicada. Ciúmes em pequenas doses apimentam a relação, mas, além da conta, se tornam opressivos. Ok, vale pedir para uma amiga ligar num horário esquisito e fingir que está falando com alguém bem interessante. Ficar pensativa, ouvindo música e olhando para o além — afinal, não é assim que a gente fica quando o coração está batendo mais forte? E mais, para quem está traindo, esses sintomas estão ainda mais frescos na memória.

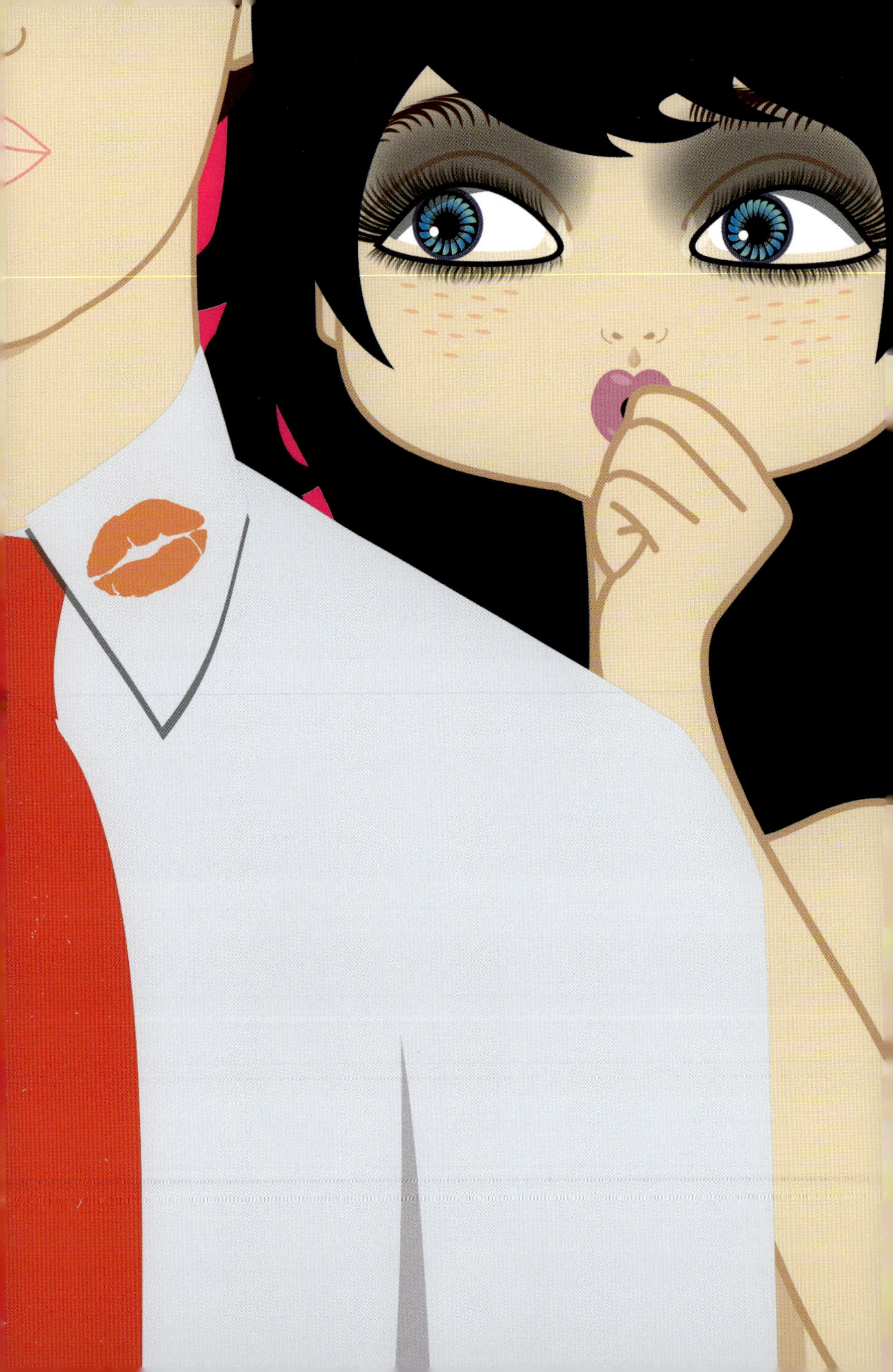

Fuxicar a vida dele, além de uma falta de respeito, pode magoar você bem mais do que a ele. Por mais fácil que seja o acesso, não entre nas mensagens pessoais das redes de relacionamento dele, nem e-mail, MSN, SMS do celular... Já imaginou se fizessem uma coisa dessas com você? Um restinho de amor e de confiança que poderiam existir vão pelo ralo quando ele descobrir a invasão. Isso é tão feio quanto quando a sua mãe procurava bilhetinhos amassados nos bolsos do seu pai – apenas é mais moderno.

Pensou em contratar um detetive? Eu já fiz isso, admito, mas, que tal pensar duas vezes antes de dar esse passo? Você pode se ferir muito. Minha experiência não foi totalmente ruim, ser traída emagrece, e eu fiquei linda. Comecei a desconfiar que a distância crescia entre nós dois. Pedia um beijo, vinha uma desculpa. Sugeria um programa, aparecia uma reunião. Entrei numa neurose. Emagreci, emagreci, emagreci tanto, de um jeito ruim, a ponto de os outros repararem. Por sugestão de uma amiga, contratei o Walter. Bem diferente dos sedutores detetives do cinema, ele era feio pacas, mas eficiente. Nem foi preciso fotografar ou dar um flagrante para ele me convencer de que, sim, meu então marido estava tendo um caso com uma amiga nossa. Deve ter sido o dinheiro mais fácil que o Walter já ganhou na vida – todo mundo sabia da traição (no fundo, no fundo, inclusive eu).

Antes de pagar esse mico, levante, sacuda a poeira e dê a volta por cima. Em vez de ficar reclamando enquanto seu casamento escorre pelos seus próprios dedos, reaja: vá estudar, se ocupar, troque de analista, mande flores para si mesma... Tanto faz, desde que não fique parada no mesmo lugar. A melhor coisa do ser humano é a capacidade de se reinventar.

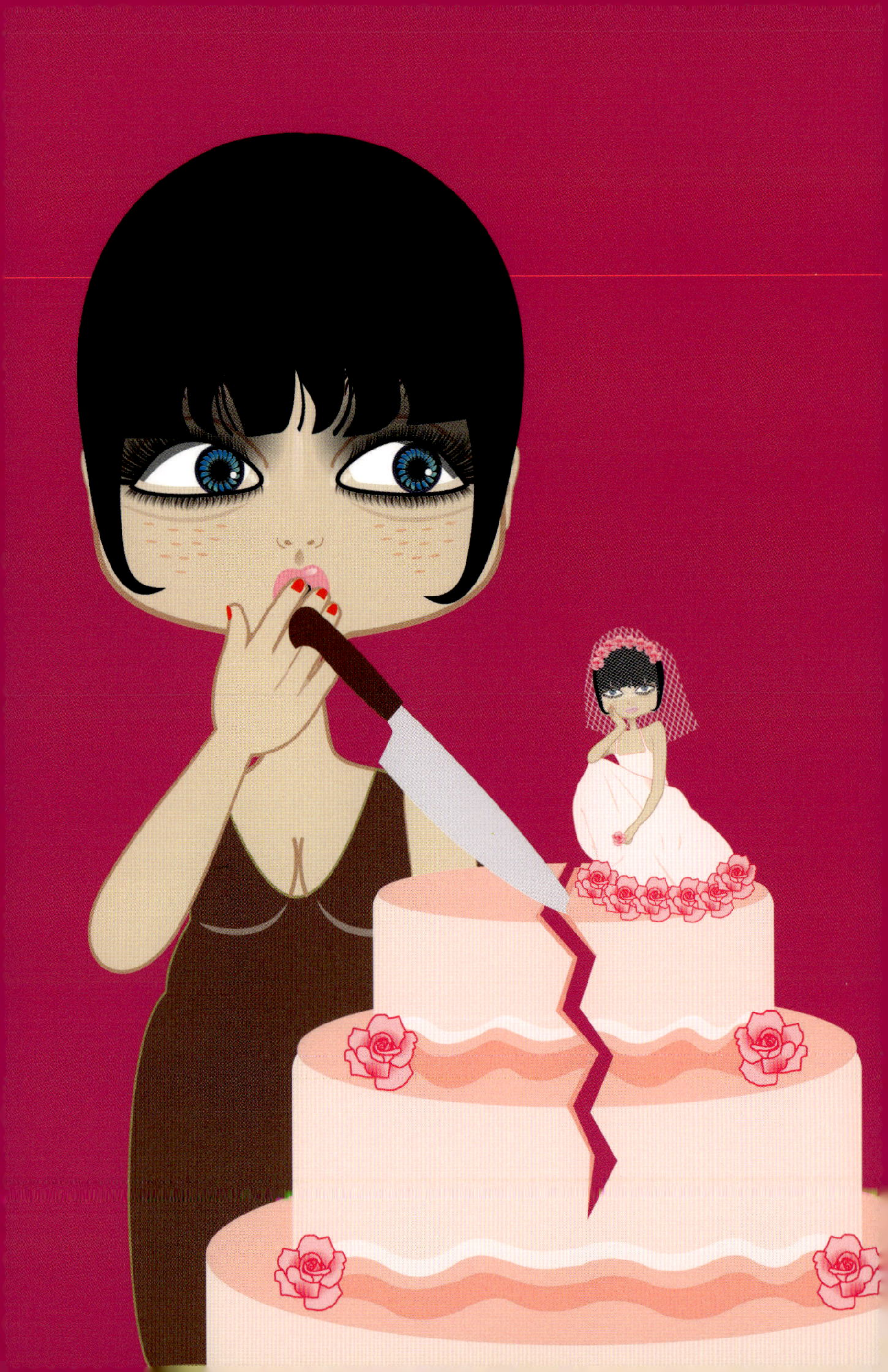

## Há males que vêm para o bem
*Trair e contar, nem pense em começar.*

*Hoje, passados anos do meu primeiro casamento, fazendo uma retrospectiva, vejo que foi um alívio ter descoberto a traição. Eu não era uma pessoa feliz.*

**Ninguém gosta de ser traído.** A sensação de ter sido passado para trás é péssima. Mas, como diz a sabedoria popular, "há males que vem para o bem". Passado o susto e os primeiros constrangimentos (sim, a sociedade é cruel nesses momentos), você percebe que o bicho não é tão feio assim.

Meu primeiro casamento durou uma década, até os meus 27 anos. Cresci ouvindo chavões como "ruim com ele, pior sem ele", "antes mal acompanhada do que só". E, pior, acreditei neles. Nem questionava se eu era feliz ou não. Achava que todo mundo vivesse da mesma forma que eu, sem grandes perspectivas.

Talvez por falta de experiência, fiz coisas que não repetiria hoje. Gritava à toa, ficava mal-humorada por besteira. Deixei a coisa ir passando, esfriando, morrendo, até que a traição tomou minha "vidinha perfeita" de assalto. Ainda bem. Esse golpe, que na época eu cheguei a classificar como mortal e injusto, foi decisivo para eu me separar e ir viver minha vida. Só assim percebi que ele não era o homem que eu amava verdadeiramente.

Aprendi que, num relacionamento a dois, há coisas que um nunca deve falar para o outro. Um arranhão aqui, outro ali, e, quando o cristal se quebra, não tem mais jeito. A fidelidade não combina com o homem. E a sociedade contribui muito para isso. Por mais que ele esteja feliz e satisfeito com a sua parceira, se aparecer uma gostosona dando mole para ele, o bote é quase obrigatório, como se ele não tivesse o direito de dizer não.

Já a mulher pode trair só para chamar a atenção de seu marido. Elas estão carentes, sem atenção, e aí surge alguém para preencher esse espaço. Às vezes, pode ser um dentista fazendo um elogio, um entregador mais gentil. A fragilidade faz com que essa mulher esteja aberta a esses acontecimentos.

Se ela quer realmente aquele homem? Provavelmente, não. Ela só quer trepar, se sentir desejada, e se apega a esse momento, ainda que ame o seu marido e prefira estar vivendo aquilo tudo com ele, mais ninguém. No momento seguinte, vem a culpa, o arrependimento e aquela vontade de contar tudo para ele. Nem pensar. Um homem nunca vai entender uma traição, mesmo que a mulher só tenha pulado a cerca por indiferença dele mesmo.

Traiu? Coloque uma pera na boca ou coma um sundae gigante, mas não conte nem sob tortura. Homens e mulheres traem por motivos diferentes. Além de ferir profundamente o parceiro, abre precedentes para que aconteça novamente, dos dois lados. Um casal junto, mas separado, disputando dois campeonatos diferentes. Fim de jogo.

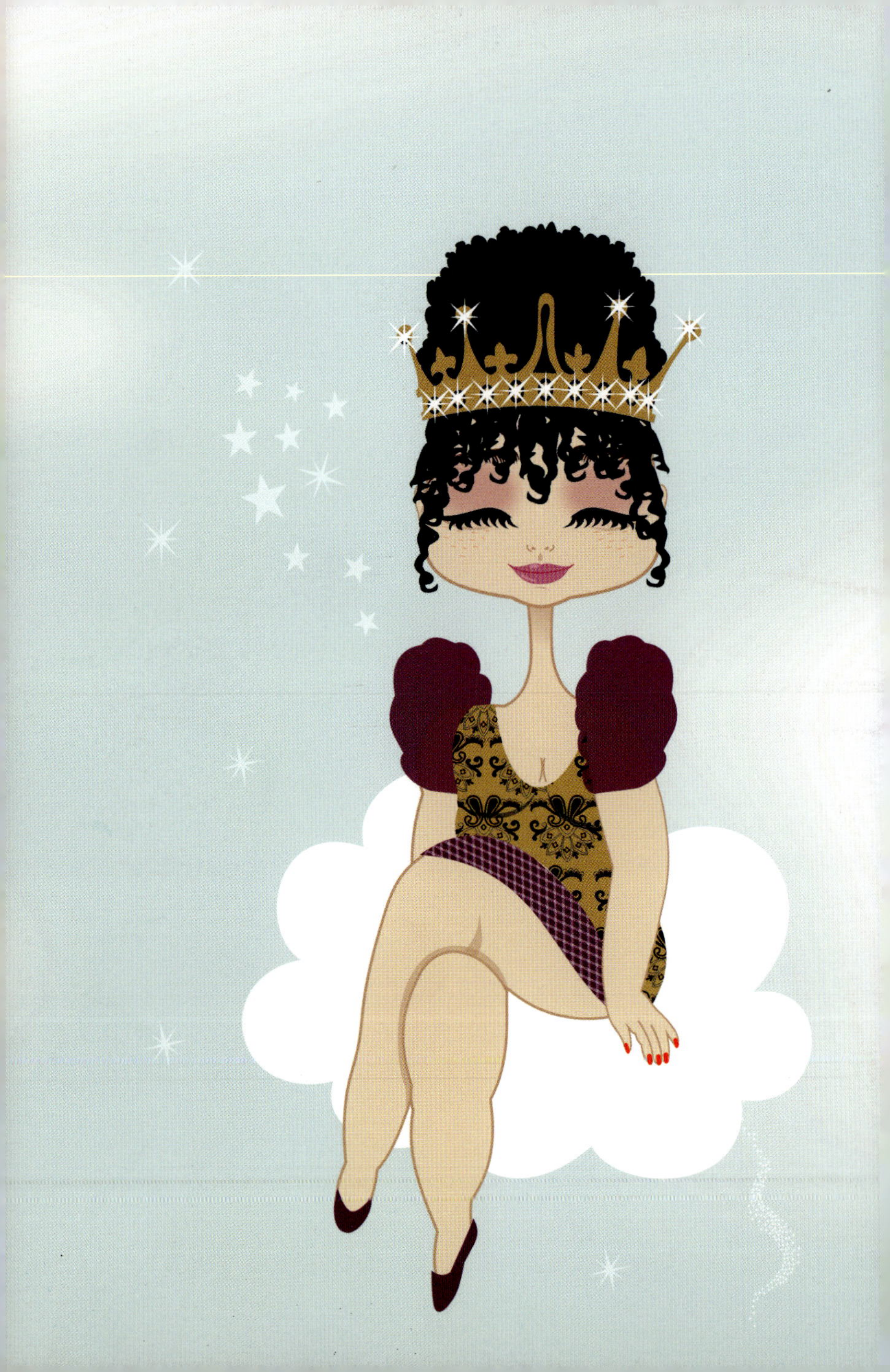

## Primeira vez

Ao longo da vida, existem várias primeiras vezes. A primeira vez em que você beija no rosto. A primeira vez em que você beija na boca. A primeira vez em que você transa com o seu namorado, com o seu marido, com o seu segundo marido. Nenhuma delas é mais importante do que a outra. Todas elas, naquele momento, são especiais. Uma mais especial do que a outra? Não necessariamente.

Claro que o romantismo de menina faz com que toda aspirante à mulher sonhe com o momento perfeito em que o príncipe encantado vai chegar junto com borboletas numa relva úmida e macia e, tal qual num conto de fadas, ele abraça e beija num ritmo perfeito. Na maioria das vezes, não é bem assim. Pelo menos, comigo não foi. Um pouco desapontada, questionei: "Será que é só isso? Uma coisa tão natural e simples assim?" E, por fim: "Se é isso mesmo, por que tantos mitos e teorias sobre o sexo?"

Alguns anos depois, um filho, faculdade, uma rotina diferente, um casamento e uma traição nas costas me fizeram rever meus conceitos. Naquele momento, eu poderia fazer a minha própria carta de voo, sem ter como botar a culpa ou descontar minha frustração em ninguém. Isso me fez ver a vida por outro prisma. O que foi ótimo.

O encontro de um novo amor, mais forte, incontrolável, me fez atribuir outro significado para a primeira vez. A minha segunda primeira vez foi mágica, nunca vou esquecer. Mesmo com mais gente no restaurante (é, essa minha primeira vez começou bem antes do sexo), parecíamos a sós, sem mais ninguém. Nossas mãos por cima da mesa se tocando, macias, ritmadas. Até aquele momento, nunca havia imaginado que um simples toque de mãos poderia ser tão sensual. Descoberta divina.

Ali, no meio da nossa "primeira vez", estávamos firmando um pacto silencioso que selaria nossas vidas para sempre, ainda que apenas com os dedos. Tudo isso veio bem antes do beijo, que, quando aconteceu, foi inesquecível. Interminável, foi o beijo que me deixou nas nuvens, como acontece nas histórias de princesa que nos contam durante a infância.

Nossos corpos já estavam se amando. Nossas almas também. Um encontro de almas que se conheciam e que se adoravam havia muito tempo – mas que, talvez por punição dos deuses, estavam perdidas uma da outra. Terminamos a noite e começamos a nossa vida a dois num quarto de motel. Lugar improvável para o começo de um final feliz? Não para as princesas da vida real. Não para princesas como eu, nem como você.

Por isso, prepare-se para a sua próxima primeira vez.

## 10 Mandamentos de conquista da Dra. Sedução

- Estar bem com você tanto no corpo quanto na alma.

- Se concentrar bem no alvo da sua conquista.

- Manter sempre o olhar firme dentro dos olhos dele.

- Num diálogo, ouça com interesse o que ele tem a dizer e responda pausadamente, com uma voz firme, porém, quase inaudível de tão macia e meiga...

- Não vá com muita sede ao pote! Deixe que ele te procure mais, te ligue mais e te faça mais lisonjas, nunca esquecendo que o homem precisa conquistar.

- Invista no primeiro beijo! Lábios rosados com aquele gloss bem molhadinho... Deixe que ele tome as rédeas, a princípio, seja bem inocente, apenas obedecendo ao comando dele. Aos poucos, abra mais a boca e seja uma loba! E esse beijo será um sucesso!!!

- Depois do sexo, mostre a sua satisfação na medida exata que ele mostra a dele. Você pode ate ter sido uma "tarada" na cama, mas, depois, tudo fica zerado!!!

- Nada de ficar mostrando toda sua carência de repetir a dose! Espere que ele te procure para sair de novo! Ele é quem tem que saber que você é um diamante – e que deve ter medo de perdê-la para um bonitão qualquer!

- Embora esteja apaixonada, não deixe que ele tenha essa percepção de maneira imediata. Por isso mantenha a sua vida preenchida por coisas prazerosas, como sair com as amigas, frequentar um curso legal etc. – para não ter o objetivo de vida só nele!

- Nada de cobranças! Se ele não te ligou, se ele viajou e não pode te levar ou nunca falou em compromisso mais sério, lembre-se de que o silêncio é mais valioso que o ouro e que o tempo é o senhor da razão. Usando essa estratégia, ele ficará com a pulga atrás da orelha com toda essa sua confiança e ficará alucinado para tê-la sempre junto dele...

- SEJA FELIZ!!!

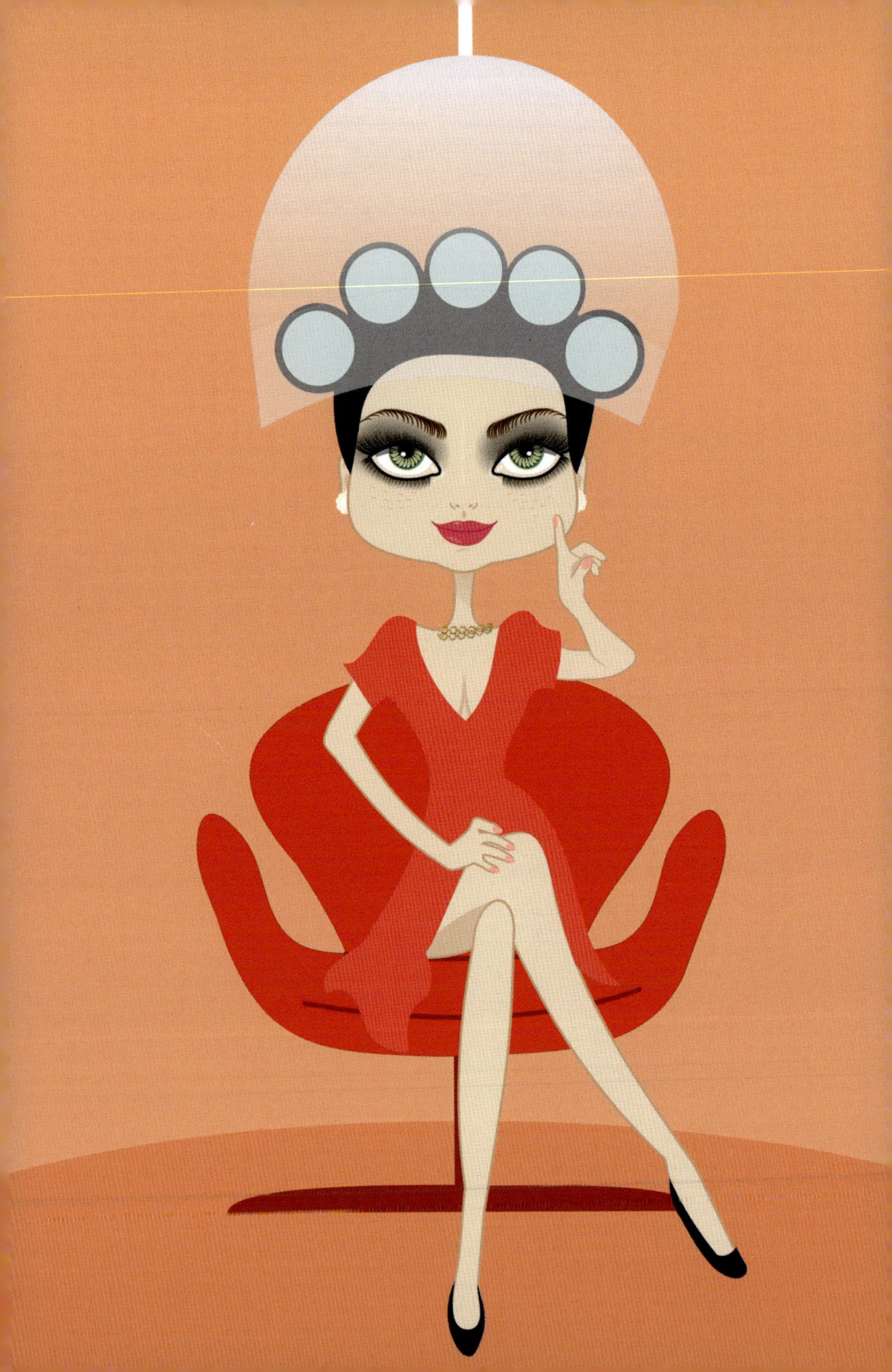

# Autoestima

Não há nada mais sensual do que uma mulher cheia de autoestima, certa de que pode amar e ser amada. Funciona como uma mola mestra em mim. Basta eu perceber que alguém está querendo me boicotar, me colocar pra baixo (algumas vezes, esse alguém sou eu mesma), que eu logo dou uma bela cortada. Se insistir em vir com um limão azedo, vou tomar uma caipiroska – com adoçante.

O rame-rame de ficar se perguntando o porquê de um problema acontecer logo com você vai te levar, no máximo, a uma depressão ou a uma caixa de bombons, que vai lhe trazer espinhas e quilos extras. Não espere que alguém faça alguma coisa por você. Até porque, dependendo da situação, você pode negar ou nem perceber aquela mão amiga. Está triste porque ninguém te ama? Porque levou um pé na bunda? Corra atrás do prejuízo e trace o "Plano Andaime": para o alto e avante.

O primeiro passo para o sucesso é descobrir o que não anda bem. Será que, realmente, você é uma pobre coitada? Já parou para pensar que você mesma pode estar se boicotando? Você realmente não tem tempo para a academia ou sempre inventa algo para colocar no lugar do exercício? Você sabe que vai encontrar aquele carinha interessante, mas desiste do programa no último minuto? Fantasia falsas promessas que nunca foram ditas só para depois ter "motivo" para ficar frustrada? Quem sabe não é apenas um boicote inconsciente e você realmente precisa de uma ajuda mais intensa para iniciar o processo de sacudir a poeira? Só você saberá responder a essas perguntas. De preferência, com muita sinceridade – ou então, só estará perdendo (mais) tempo.

Por mais que você torça o nariz para academias de ginástica, pode acreditar, o ambiente é ótimo para dar início aos trabalhos. Em primeiro lugar, vai ter um monte de gente nova, que não faz parte do seu universo, com outras referências que vão te fazer esquecer desse mundinho que você insiste em dizer que está contra você. E, além do mais, na pior das hipóteses, exercícios físicos fazem você dormir melhor e vão deixar o seu corpinho com tudo em cima.

Massagens relaxantes e aquele Botox que você estava se devendo por pura falta de autoestima devem voltar a ter prioridade. Não pense que você vai atrás desses tratamentos porque está baranga, e sim para ficar ainda melhor.

Quando as amigas ligarem, não se boicote fingindo que não ouviu e mandando uma mensagem de desculpas depois. Fazer programinhas com pessoas queridas— nesse momento, esconda as sanguessugas dentro de um baú com cadeado — também funciona sem você perceber. Se for a um restaurante charmoso que esteja dando o que falar, melhor. Ter gente bonita e agradável por perto nunca fez mal a ninguém.

A casa arrumada, em ordem, cheirosa e com flores deixa de ser um lugar solitário para ser um porto seguro. Nesses momentos, até a trilha sonora pode contribuir. Separe os seus CDs de músicas românticas, de amor (e de fossa) para outra época. Que tal resgatar discos mais alegres, que estavam esquecidos, com aqueles hits de tempos atrás que vão fazer você dançar na sala, sozinha mesmo, como se não houvesse amanhã?

E, embora você esteja trabalhando pesado para esquecer a rotina, há uma parte dela que não pode sair nunca da agenda: salão e depilação têm que estar sempre em dia. Como diria Fábio Jr., tudo, tudo pode acontecer. A partir daí, é só olhar nos olhos daquela mulher no espelho e se declarar: "A partir de hoje, estamos começando um romance dos mais duradouros e especiais do mundo e seremos fiéis por toda a nossa vida."

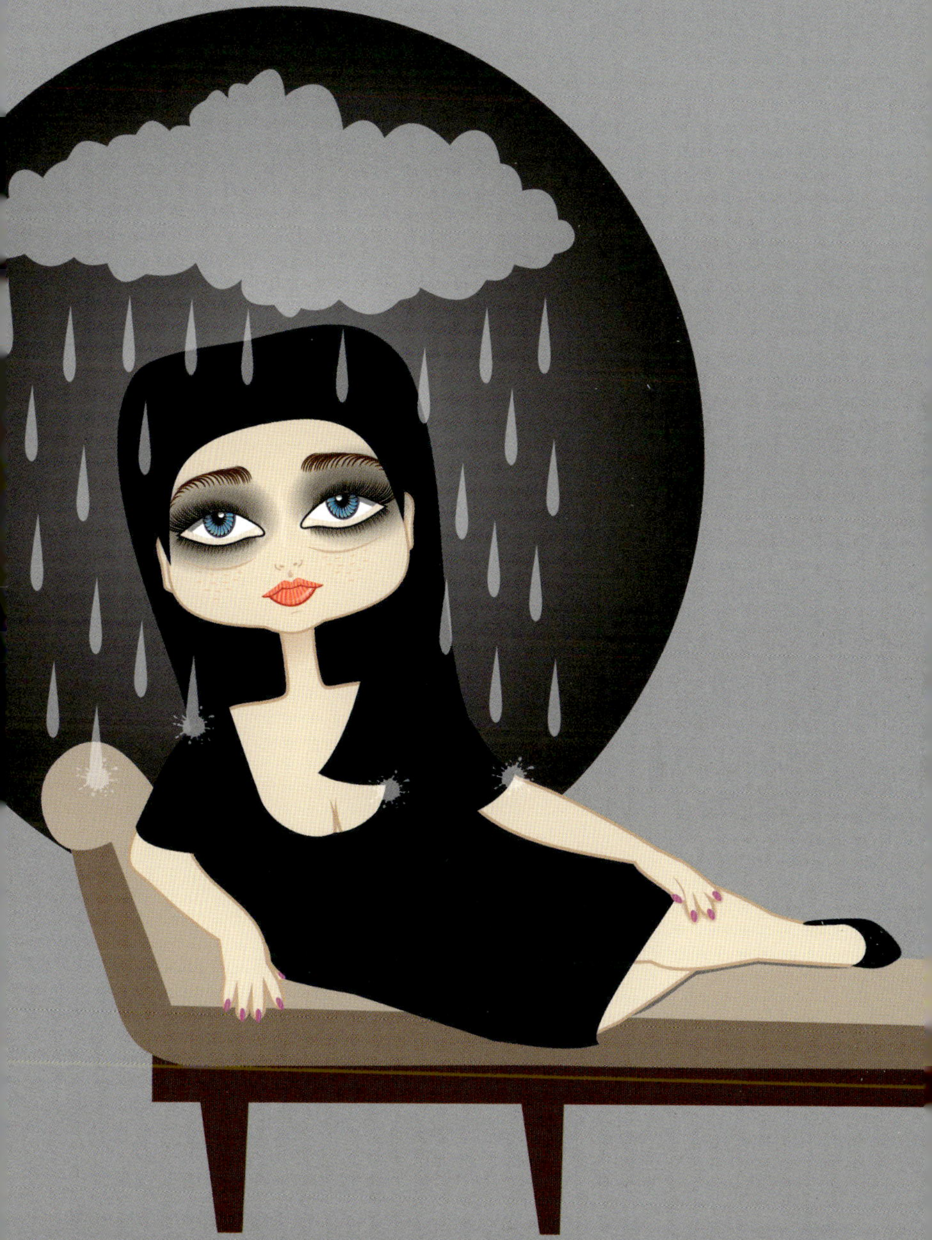

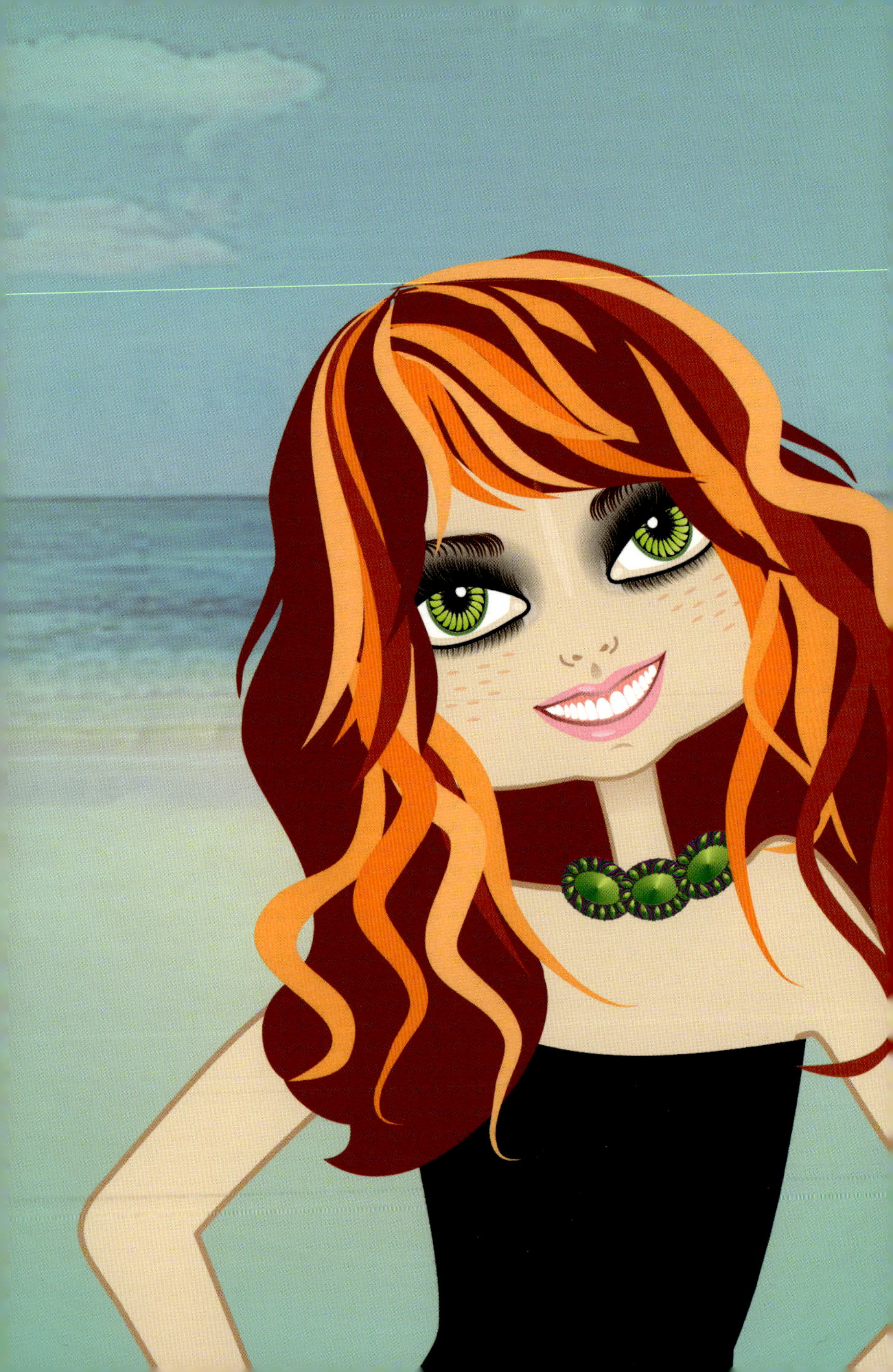

Seja mais você

Ninguém é 100% feliz, nem 100% infeliz. Mas cabe a cada uma de nós saber como queremos equilibrar essa balança. Depois de percorrer e detalhar o universo da mulher moderna, concluo que as nossas realizações só dependem de nós.

Ficar parada esperando o príncipe encantado cair do céu não faz mais sucesso nem em conto de fadas. Então, mulher, é com você. As armas você tem e, agora, sabe como usá-las. Está esperando o quê? Há um mundo inteiro para ser conquistado, todos os dias.

Curta cada segundo feliz da sua vida como se fosse o último. Aproveite os mais difíceis para crescer. Cuide de você como o seu maior tesouro e lembre-se: só é capaz de fazer alguém feliz quem está em paz com a mente e com o corpo. Esses cuidados vão desde a sua gaveta de lingerie, até o cuidado de manter sua identidade e saber respeitar o seu parceiro, passando pelos cansativos impasses da rotina – que devem ser driblados com tanta maestria quanto as grandes crises.

Se há um padrão para isso, ele é o do seu espelho. Olhe para ele, com sinceridade, e veja quais são as suas reais necessidades, desejos, frustrações e virtudes. Use-o como uma forma de se reconectar espiritualmente com o seu eu, com as suas crenças e os seus objetivos maiores.

Não se compare, seja mais você. Não se anule, seja mais você. Não se boicote, seja mais você. Se algo não estiver acontecendo como você planejou, mude, volte atrás, recomece.

Nunca é tarde demais para ser feliz.

*Este livro foi composto em Filosofia.*
*Impresso em julho de 2012 pela Gráfica Universal*
*para a Réptil Editora.*